Beinhaus

Norbert Schmitt

Zeichnungen

Sinngebung

Das Beinhaus in der Michaelskapelle hinter dem Oppenheimer Dom ist eins der größten Beinhäuser Deutschlands. Von 1400 bis 1750 wurden hier etwa 20 000 Gebeine Oppenheimer Bürger umgebettet. Nach zehnjähriger Ruhezeit auf dem kleinen Friedhof der Stadt wurden die Toten wieder ausgegraben, um Platz zu schaffen für die neu Verstorbenen. Zehn Jahre in geweihter Erde mussten reichen.

Wenn auf dem Oppenheimer Friedhof ein neues Grab ausgehoben wurde, fanden sich darin am nächsten Tag oftmals Knochen aus dem Beinhaus – erzählt man. Die Toten wollten zurück, zurück in die geweihte Erde. Zehn Jahre waren ihnen nicht genug.

Das Beinhaus von Douaumont ist eine französische nationale Grabstätte für die Gebeine der 130 000 Gefallenen, die nach der Schlacht um Verdun nicht identifiziert werden konnten.

Im Beinhaus von Hallstatt liegen 1200 Schädel. Davon sind 610 bemalt, nach Familien geordnet und mit dem Sterbedatum versehen.

Der Bürgermeister von Cugnaux nahe Toulouse verhängte ein Verbot zu sterben. „Spontan-Sterben" wird mit bis zu 4000 Euro bestraft. Er empfiehlt zu lernen, wie man den Tod verschieben kann. Auf dem Friedhof fehle der Platz für neue Gräber.

Der Tod lässt sich nicht vertagen. Wohl aber lässt er sich beschleunigen. Nirgends wird so spontan gestorben wie im Straßenverkehr. Der plötzliche Unfalltod zieht jährlich eine Million Seelen aus dem Verkehr. Die Verkehrsopfer werden für den Zuwachs an Mobilität und Beschleunigung in Kauf genommen.

Auf dem Gefallenendenkmal in Amöneburg steht zu lesen: „In den Weltkrieg 1914–1918 zogen aus Amöneburg 143 Krieger, von ihnen gaben 28 ihr Leben für uns. Ihr Blut und Leib und Leben für uns habt dahin gegeben. Tote Brüder ruht nun aus!"

Die Amöneburger Jugendlichen wurden für *uns* geopfert. Das Opfer stiftet die Gemeinschaft.

Opfern ist ein Tauschgeschäft. Die Opfergabe gibts nicht umsonst. Der Geschäftspartner im Opfergeschäft ist die Gottheit. Blut und Leiber werden dahingegeben, Opfer werden taxiert und eingetauscht für Gottes Segen.

Dem Fortschrittsgott werden die Menschenopfer und die Tieropfer dargebracht, ihm werden die Landschaft und die Luft geopfert. Der Fortschrittsgeist haucht der sinnlosen Mobilmachung seinen Sinn ein. Ohne die Opfer wäre der Fortschrittsglaube leer und so sinnlos wie ein Krieg ohne Leichen.

© 2017 Norbert Schmitt, Bensheim
Zeichnungen: Tusche auf Papier, 297 mm x 210 mm
Satz, Layout, Umschlaggestaltung: Norbert Schmitt
www.nobt.de

Herstellung und Verlag:
BoD – Books on Demand, Norderstedt
ISBN 9-783743-191891

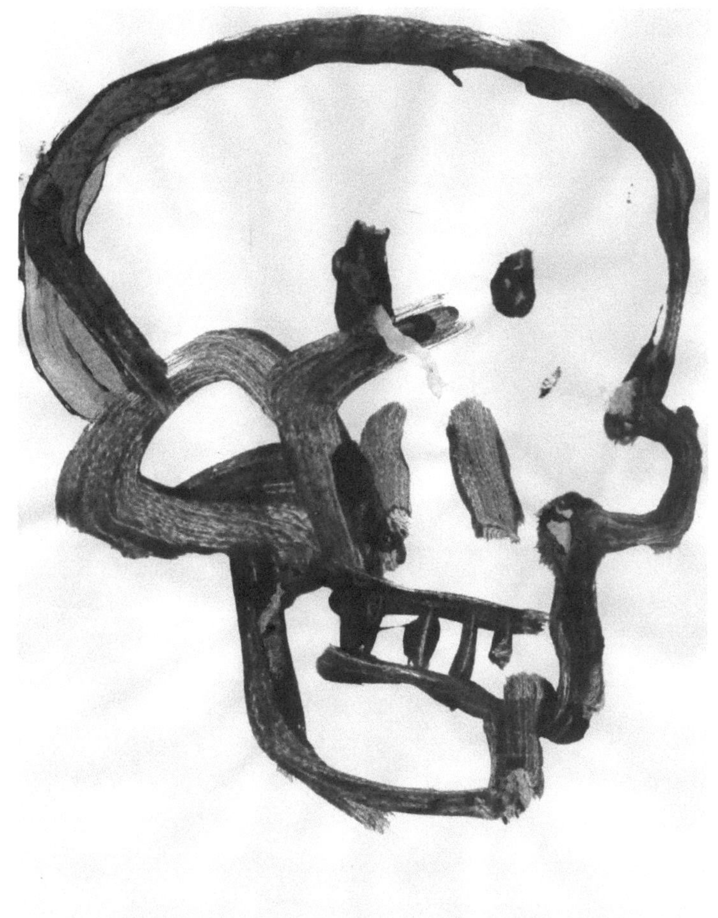

Ein 27-Jähriger aus Dinkelsbühl geriet am frühen Sonntagnachmittag gegen 14 Uhr auf der Landesstraße 3073 hinter dem Ortsausgang von Kirchhain mit seinem VW Polo ins Schleudern. Er kam auf die Gegenfahrbahn und stieß dort mit dem Heck auf einen entgegenkommenden Opel Mokka. Der Polofahrer starb noch an der Unfallstelle.

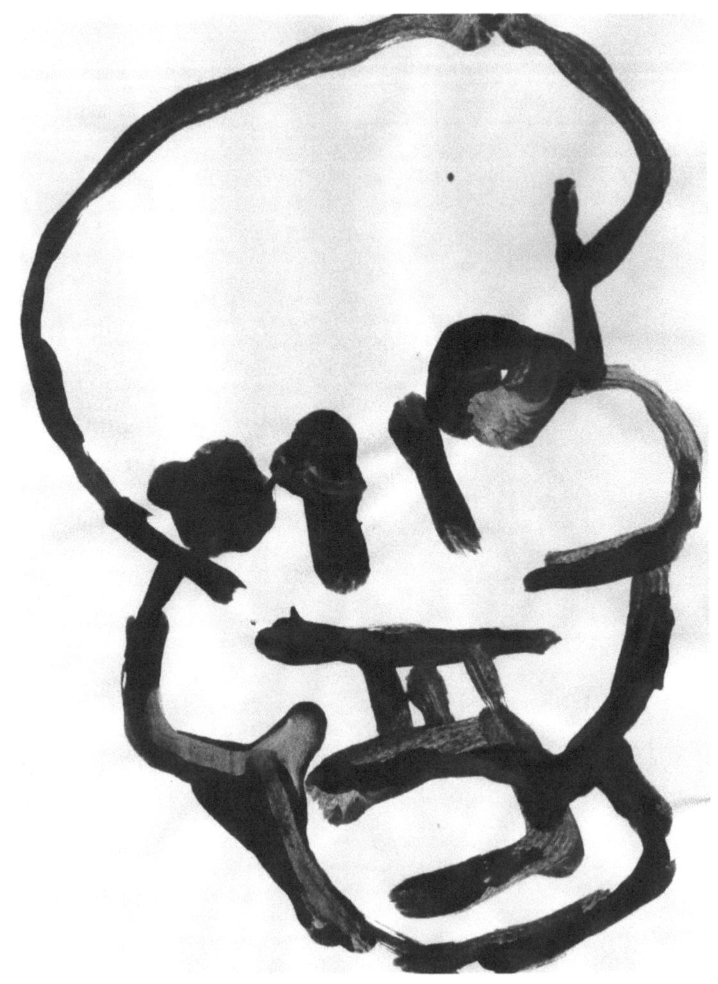

Ein 20-jähriger Opelfahrer geriet am Sonntag gegen 16.45 Uhr auf der L 776 im Kreis Paderborn zwischen der Abfahrt Wewelsburg und der Anschlussstelle Büren auf die Gegenspur und prallte frontal mit einem Audi A4 zusammen. Der Opelfahrer starb noch an der Unfallstelle.

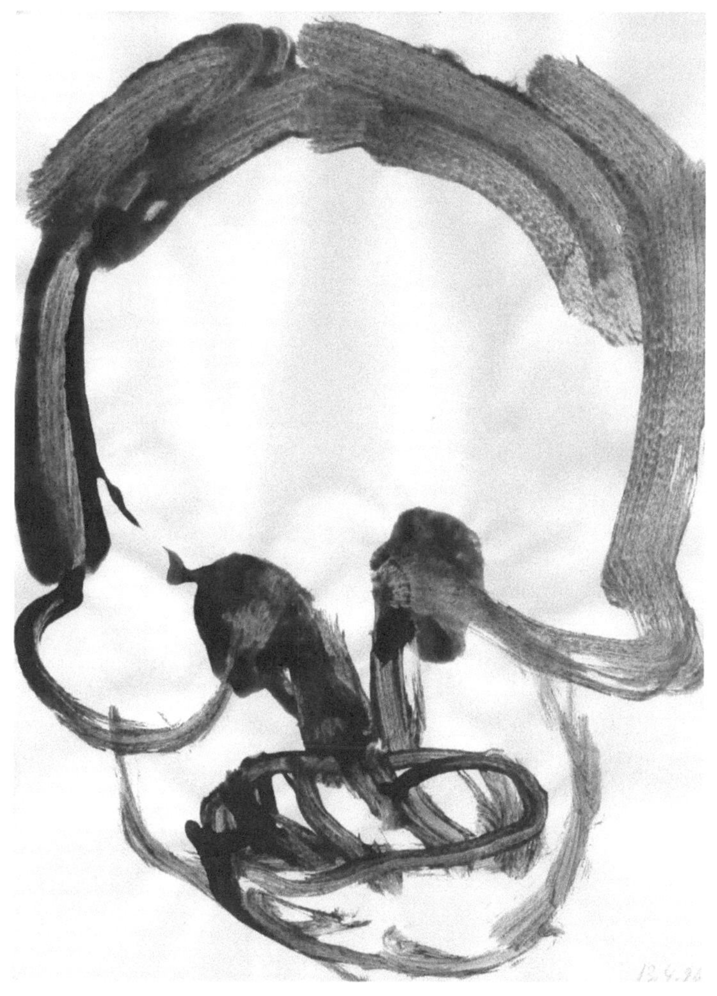

Ein älterer Mann fuhr mit seinem Auto am Montag gegen
15.45 Uhr von der Siemensstraße aus in die Kreuzung
Siemensstraße/Auffahrt B 3 Richtung Kassel/Landesstraße
3089 (Cölbe/Marburg) ein. Ein Linienbus fuhr zeitgleich auf
der vorfahrtberechtigten L 3089 auf dem Weg von Marburg
nach Cölbe. Auf der Kreuzung kam es zum Zusammenstoß.
Der Autofahrer erlitt tödliche Verletzungen und starb noch
an der Unfallstelle.

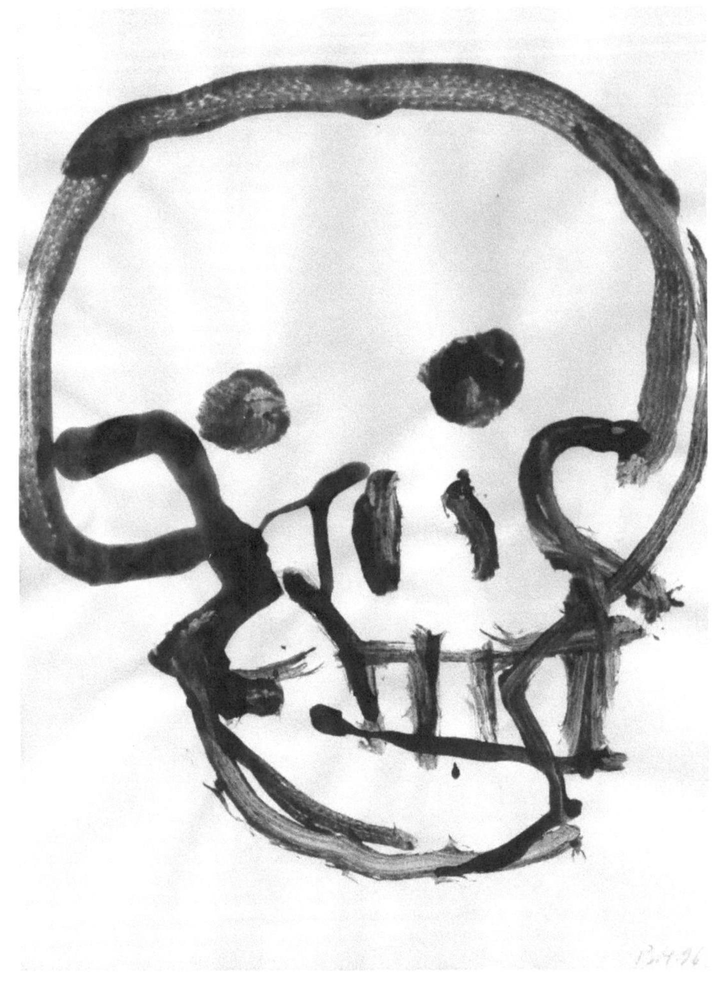

Eine 23 Jahre alte Suzukifahrerin aus Schauenburg fuhr am Freitagabend gegen 20.15 Uhr auf der Gefällstrecke von der A 44 kommend in Richtung Wolfhagen. Ein 39-jähriger Porschefahrer aus Bad Arolsen fuhr entgegenkommend im zweispurigen Streckenabschnitt in Richtung Zierenberg und überholte einen Lkw. Bei dem Frontalzusammenstoß wurden beide Fahrzeuge völlig zerstört. Der Porschefahrer und die Suzukifahrerin erlagen beide an der Unfallstelle ihren schweren Verletzungen.

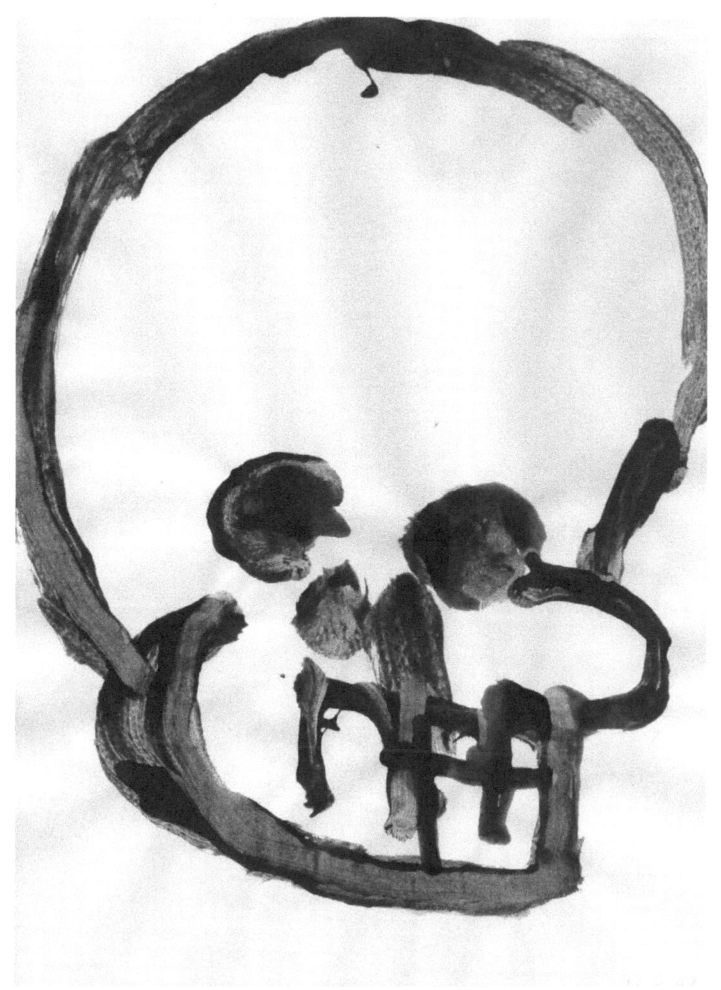

Ein 20-jähriger Mann kam am Dienstag gegen 12.45 in der Nähe von Verne von der Straße ab und prallte frontal gegen einen Baum. Er erlag noch an der Unfallstelle seinen Verletzungen.

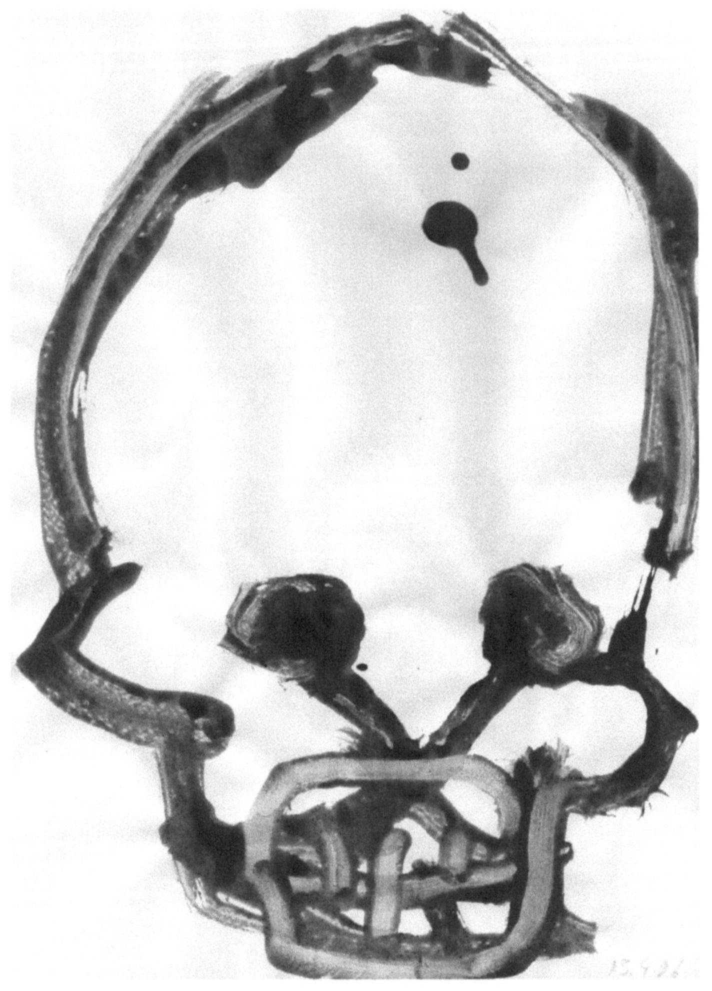

Ein 29-jähriger Motorradfahrer kollidierte am Donnerstag gegen 19.20 Uhr auf der Landesstraße 3156 zwischen Neukirchen und dem Ortsteil Hauptschwenda mit einem Reh. Der Mann schleuderte über die Fahrbahn und prallte gegen die Leitplanke. Dabei wurde er so schwer verletzt, dass er noch an der Unfallstelle starb.

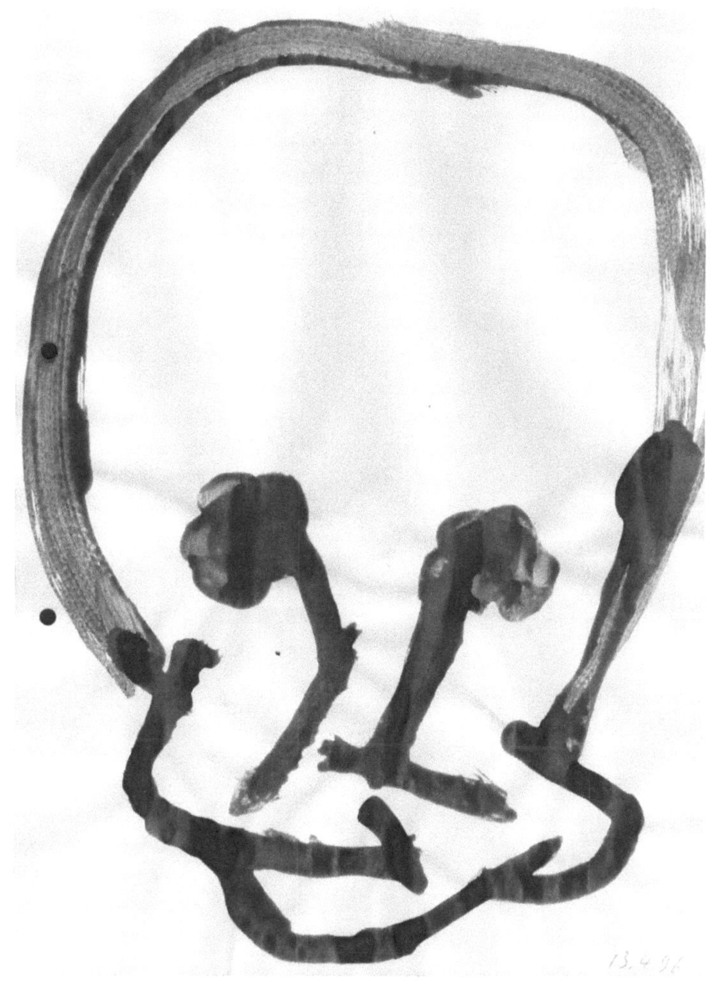

Ein 50-Jähriger aus dem Raum Brilon kam einen Tag nach dem tödlichen Unfall einer 23-Jährigen um 18.15 Uhr auf der Strecke zwischen Olsberg und Elleringhausen an fast derselben Stelle nach rechts von der Fahrbahn ab und prallte gegen einen Baum. Der Autofahrer starb noch an der Unfallstelle.

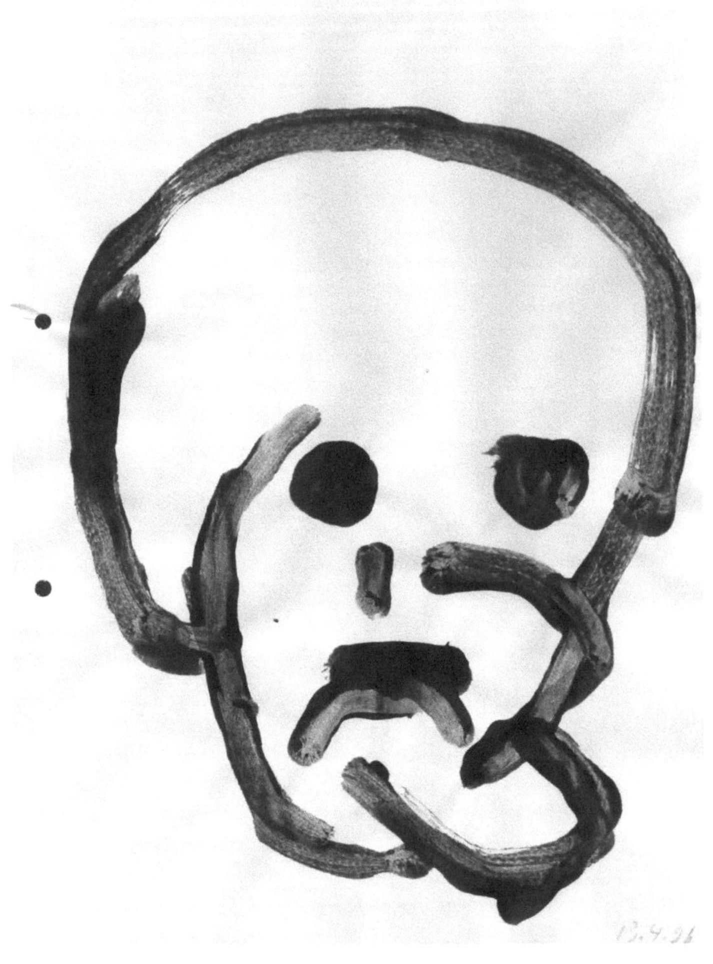

Ein 35-jähriger Welser ist am Sonntag in einem Tunnel der
Westspange der Innkreisautobahn A 8 tödlich verunglückt.
Kurz nach einer Pannenbucht im Tunnel Noitzmühle zog er
das Auto nach rechts und prallte gegen die Tunnelwand. Er
war auf der Stelle tot.

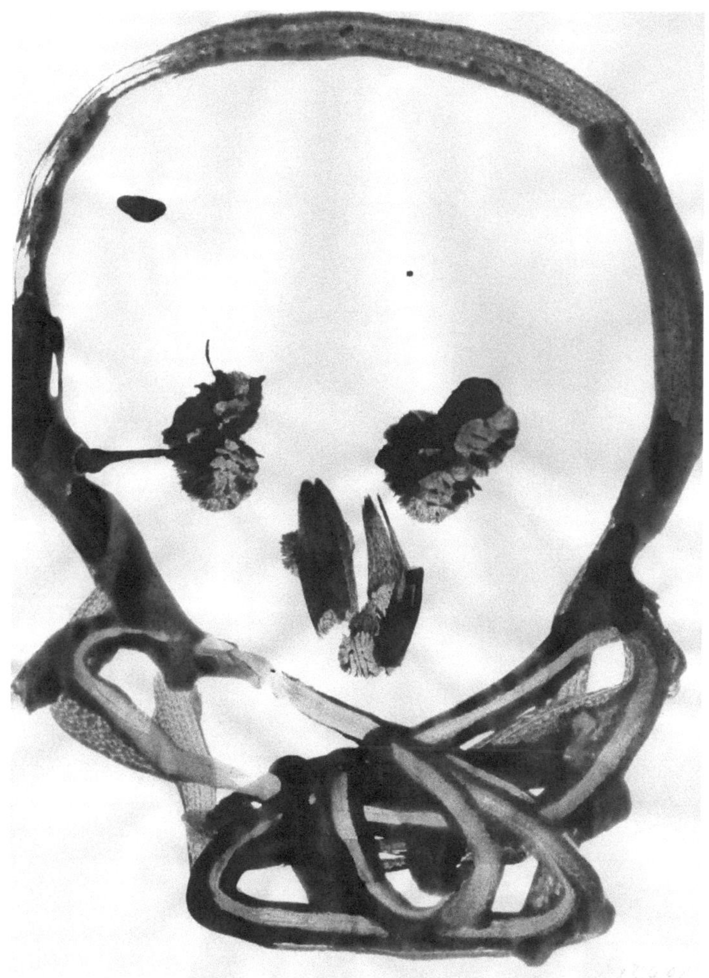

Ein 44-jähriger Motorradfahrer aus Naumburg fuhr am Montag gegen 19.20 Uhr auf der Landesstraße 3214 zwischen Ippinghausen und Wolfhagen mit seiner 900er Ducati auf einen Traktor auf. Er erlitt tödliche Verletzungen.

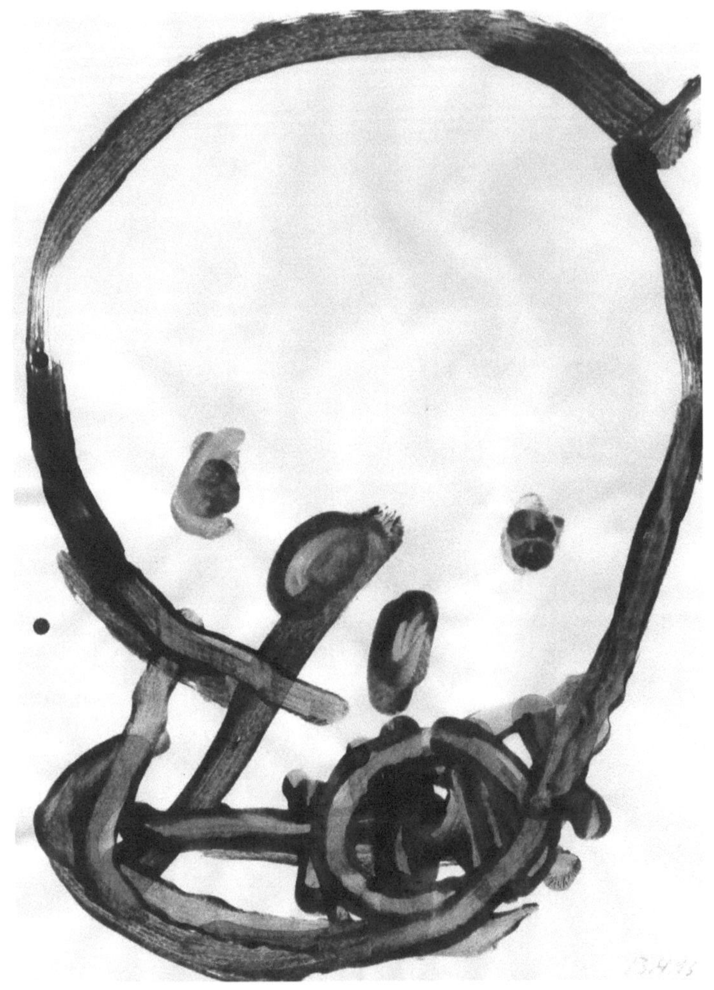

Eine 60 Jahre alte Frau aus Warburg kam am Dienstagmorgen gegen 6.20 Uhr auf der B 7 zwischen dem Abzweig zum Quinckeweg und einer Kläranlage von der Fahrspur ab, geriet nach links in den Gegenverkehr und stieß mit einem Holzlaster zusammen. Dabei zog sich die Frau tödliche Verletzungen zu.

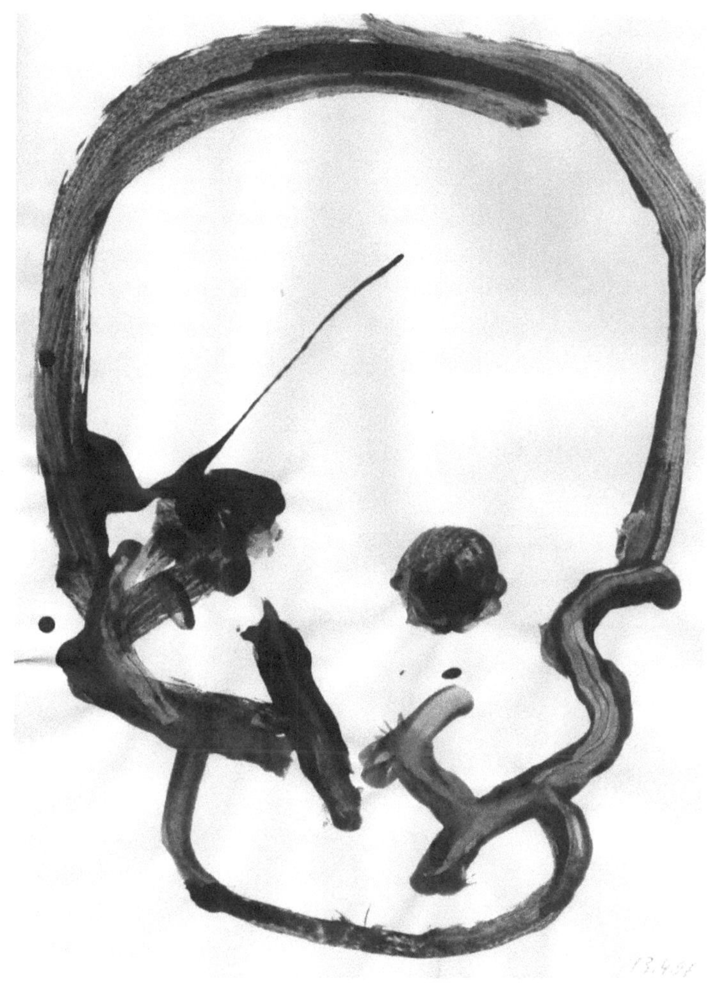

Ein vermisster 42-jähriger Quadfahrer aus Wolfhagen-Wenigenhasungen, nach dem die Polizei und eine Rettungshundestaffel seit Samstagnachmittag gesucht hatten, ist am Sonntagvormittag gegen 10.30 Uhr in einem Waldgebiet in der Gemarkung Isthaberg tot unter seiner überschlagenen Maschine liegend aufgefunden worden.

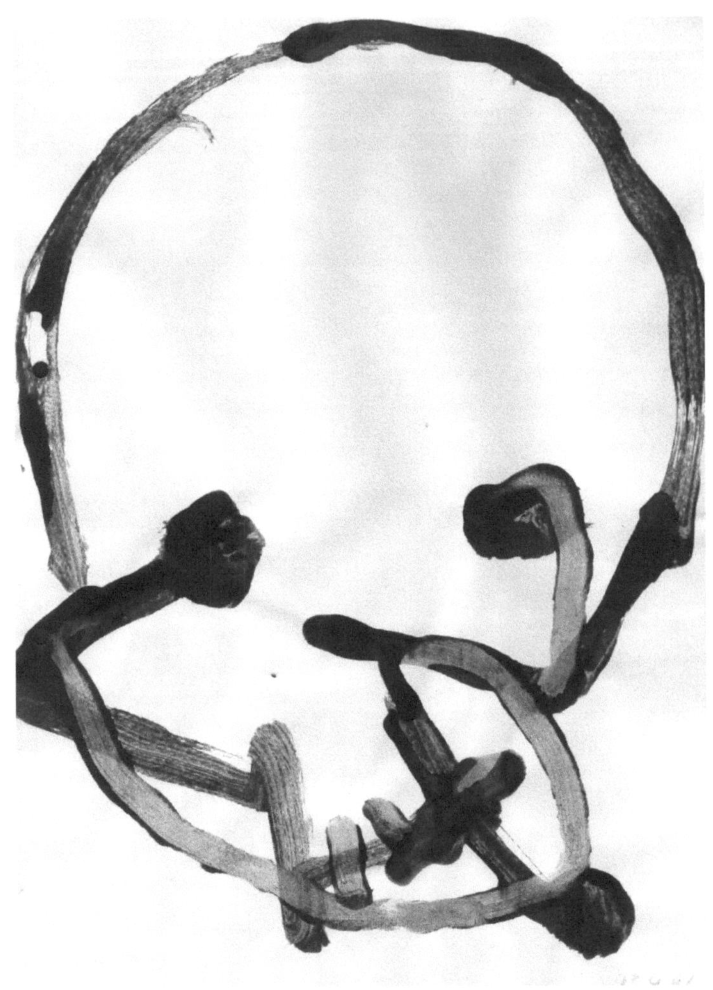

Fünf Männer fuhren in einem älteren VW Golf am frühen Samstagnachmittag von Frankenberg kommend in Richtung Korbach. Auf einer Geraden zwischen der Frankenberger Kläranlage und Viermünden kam der Wagen nach rechts von der Bundesstraße 252 ab. Der Golf rammte mit der Beifahrerseite einen Baum. Der 55 Jahre alte Beifahrer und ein 25-jähriger Korbacher erlitten tödliche Verletzungen.

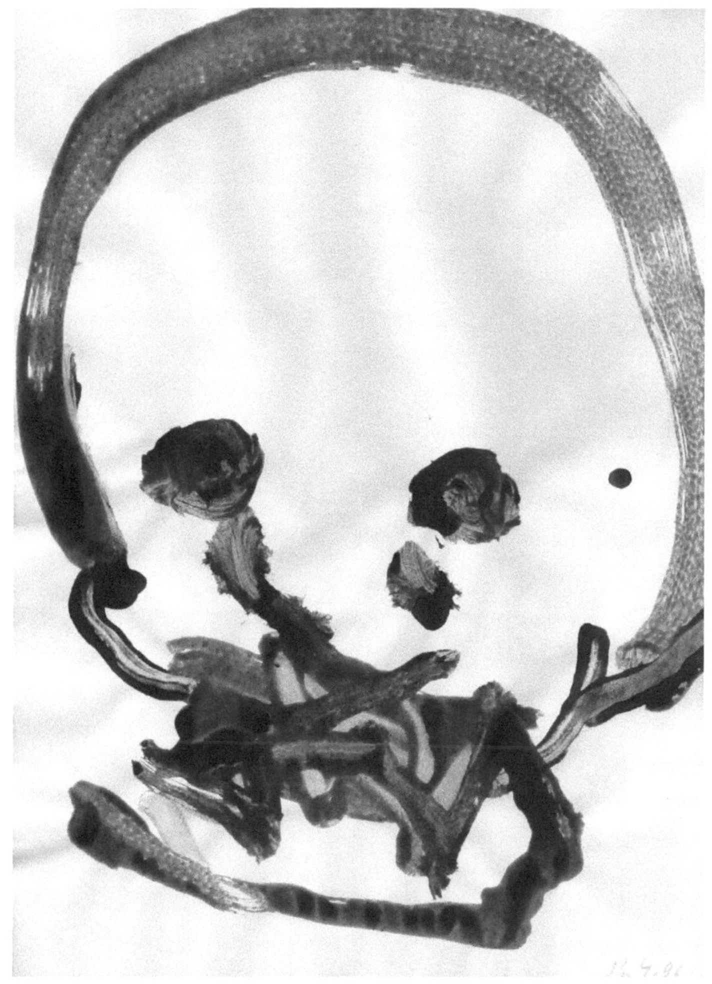

Ein Pkw mit vier Insassen aus Heilbronn geriet am Samstagabend auf die Leitplanke und wurde gegen die Lärmschutzwand dahinter geschleudert. Der 61-jährige Beifahrer aus Pforzheim überlebte den Aufprall nicht. Eine Frau erlag ihren Verletzungen noch am selben Tag im Unfallkrankenhaus Linz.

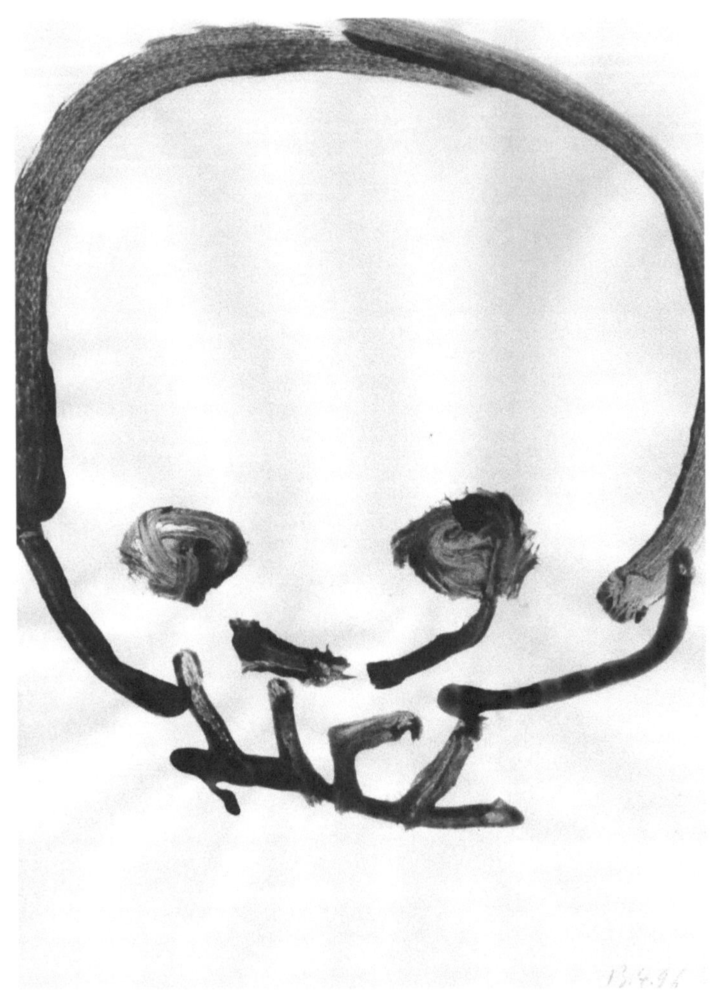

Ein 20-jähriger Motorradfahrer und seine 19-jährige Sozia fuhren am Dienstagabend gegen 19 Uhr auf der Landesstraße 637 von Büren-Siddinghausen kommend in Richtung Ringelstein. Ausgangs einer Rechtskurve geriet die 700er Triumph auf die Gegenfahrbahn und prallte frontal gegen einen aus Richtung Ringelstein entgegenkommenden Opel Adam einer 48-jährigen Fahrerin. Der junge Mann starb noch am Unfallort.

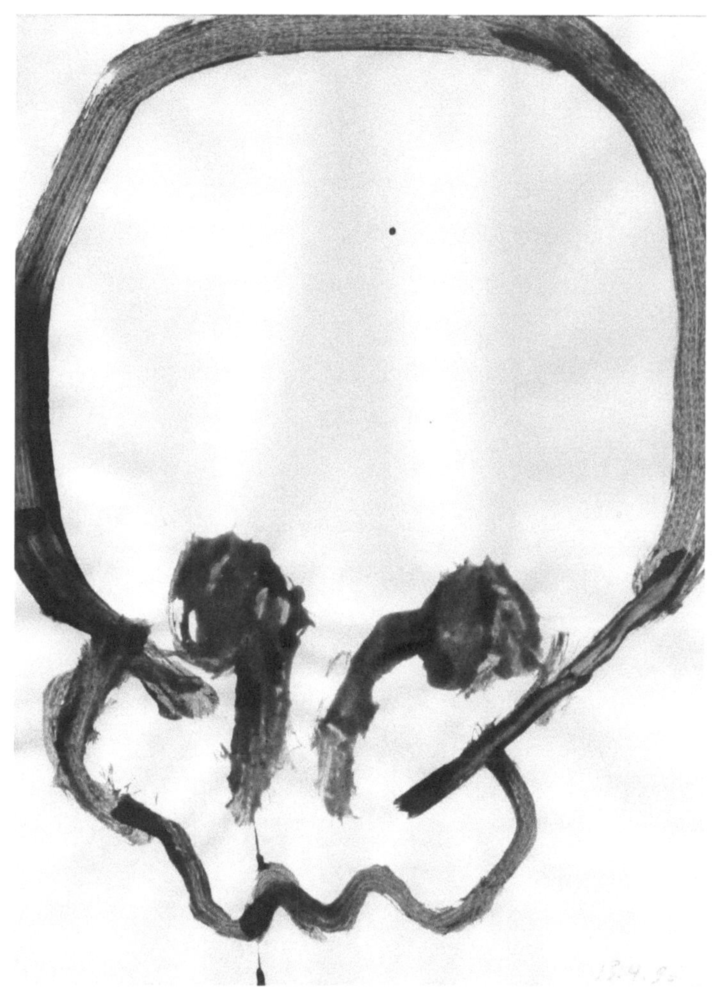

Ein 73-jähriger Mann aus dem Kreis Neuss fuhr am Sonntag gegen 15 Uhr mit seinem Wohnmobil aus Richtung Borgentreich kommend in Richtung Warburg. Etwa drei Kilometer vor der Ortschaft Hohenwepel kam er nach rechts von der Fahrbahn ab, durchfuhr auf einer Länge von etwa 75 Metern den Straßengraben und prallte schließlich gegen einen Baum. Die 70-jährige Ehefrau des Fahrers auf dem Beifahrersitz wurde durch die Wucht des Aufpralls so schwer verletzt, dass sie noch an der Unfallstelle starb.

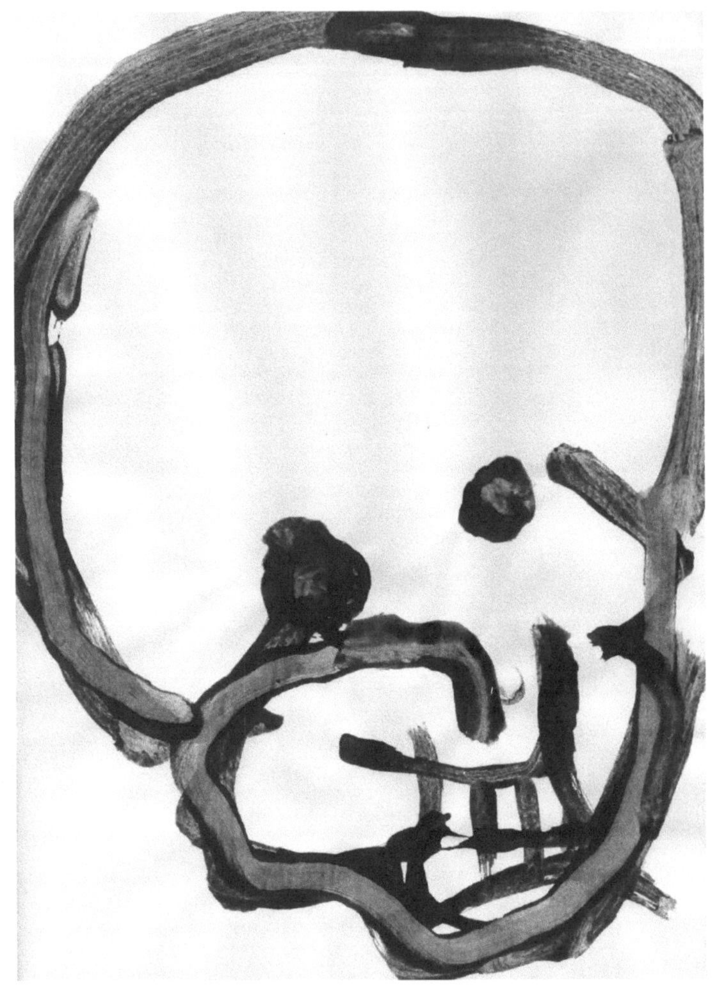

Ein 56-jähriger Fahrer eines Kleintransporters aus Kassel geriet in der Nacht zu Donnerstag auf der Bundesstraße 3 kurz hinter der Einmündung zur Kreisstraße 44 auf der geraden, winterglatten Straße ins Rutschen und prallte gegen einen entgegenkommenden Sattelzug mit Auflieger. Der mit Arzneimitteln beladene Kleinlaster schleuderte zurück über die Straße in den gegenüberliegenden Straßengraben. Dabei wurde der Motorblock herausgerissen und der Fahrer herausgeschleudert. Er starb noch am Unfallort.

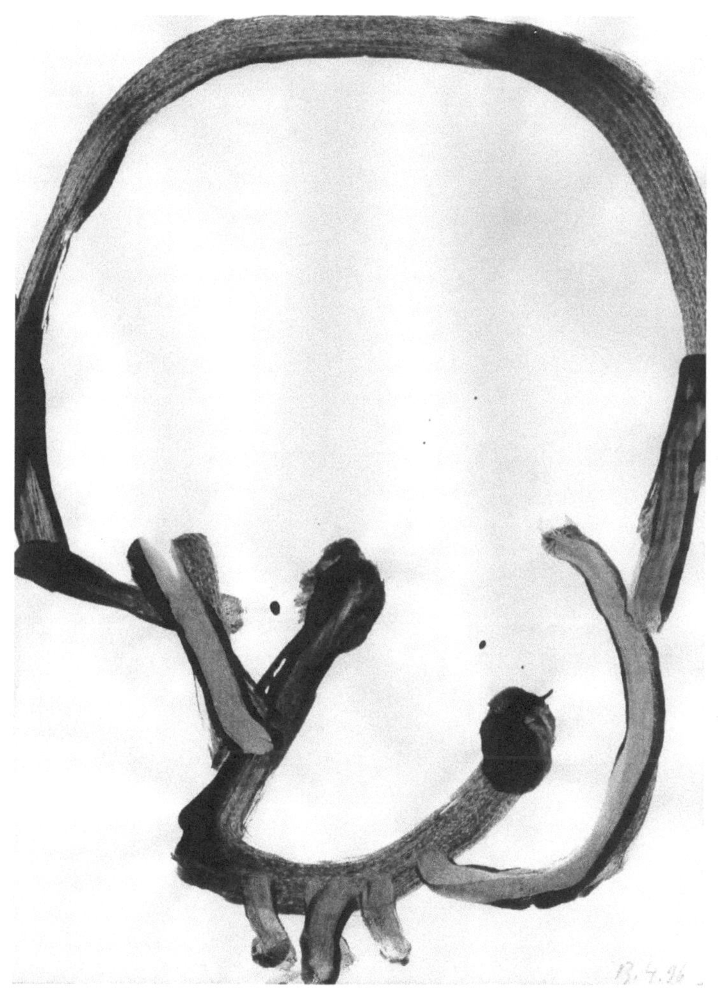

Ein 37 Jahre alter Immenhäuser Autofahrer erlitt am Mittwoch gegen 7 Uhr tödliche Verletzungen bei einem Überholmanöver. Der Wagen des Mannes prallte auf der L 3386 von Espenau-Hohenkirchen in Richtung Vellmar gegen einen Baum.

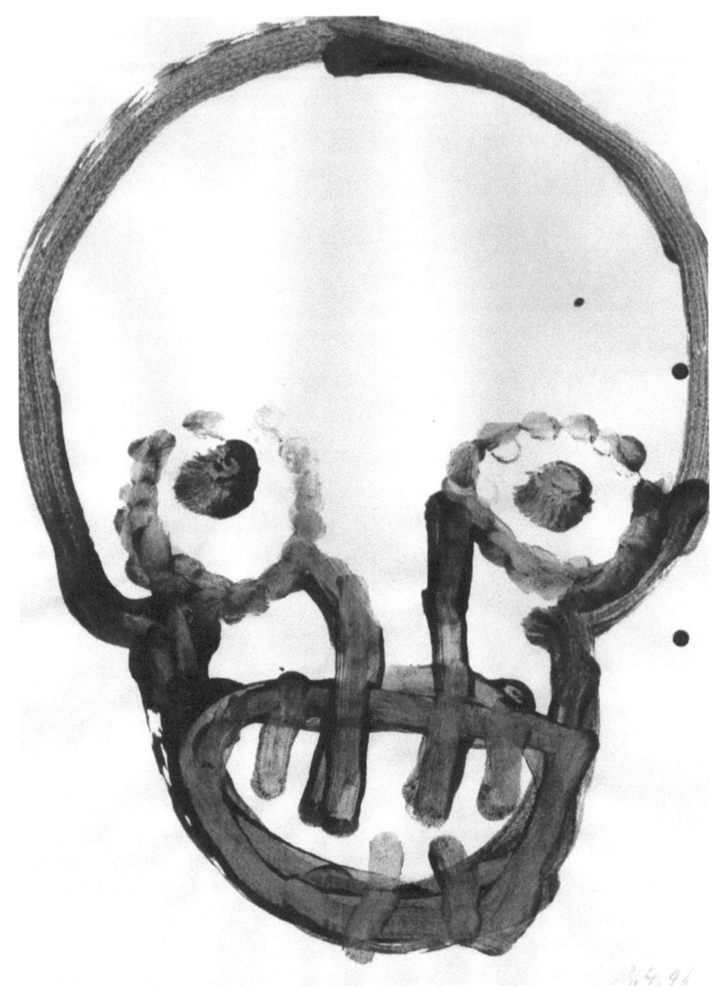

Ein 20 Jahre alter Motorradfahrer erlitt am Mittwochabend bei einem Frontalzusammenstoß mit einem Audi A5 tödliche Verletzungen. Ein 51-jähriger Mann aus Hademstorf (Niedersachsen) hatte am Mittwochabend gegen 21.10 Uhr auf der Landesstraße 3220 von Zierenberg kommend in Richtung Habichtswald-Ehlen beim Überholen das Zweirad übersehen.

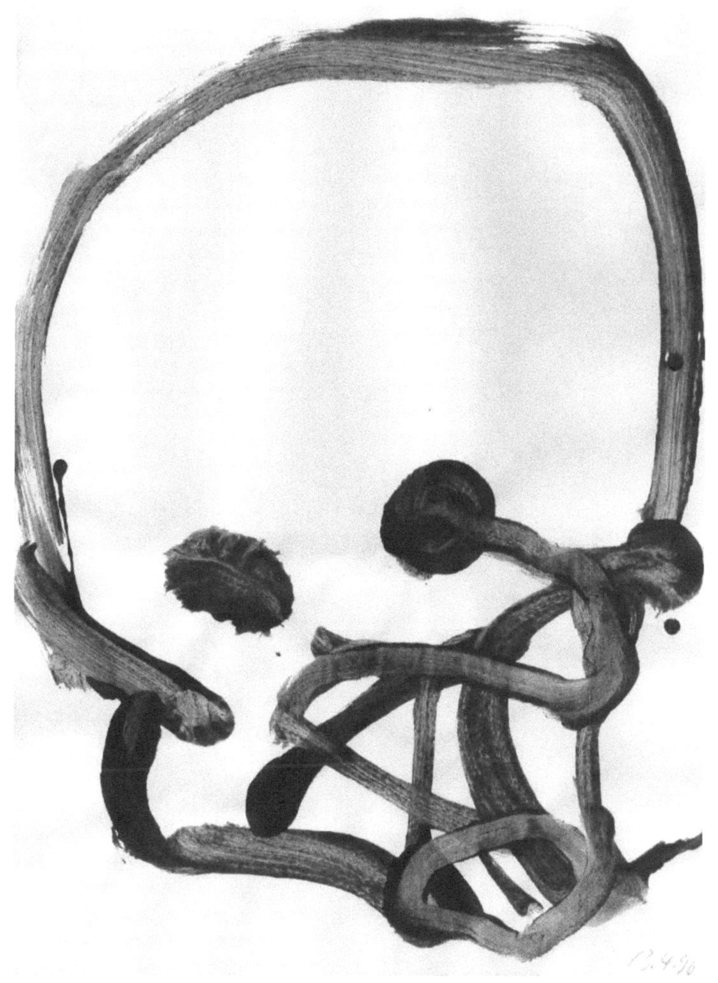

Ein Radsportler (49) fuhr am Donnerstagabend gegen 19 Uhr mit seinem Rennrad auf der Bundesstraße 3 auf der Ortsumgehung von Fuldatal-Ihringshausen in Fahrtrichtung Kassel. Ein 78-Jähriger aus Kassel befuhr die B 3 mit seinem Wagen in derselben Richtung. Etwa auf halber Strecke zwischen den Anschlussstellen Ihringshausen und Niedervellmar fuhr das Auto ungebremst auf den Radfahrer auf. Der Radfahrer aus Ahnatal erlitt tödliche Verletzungen.

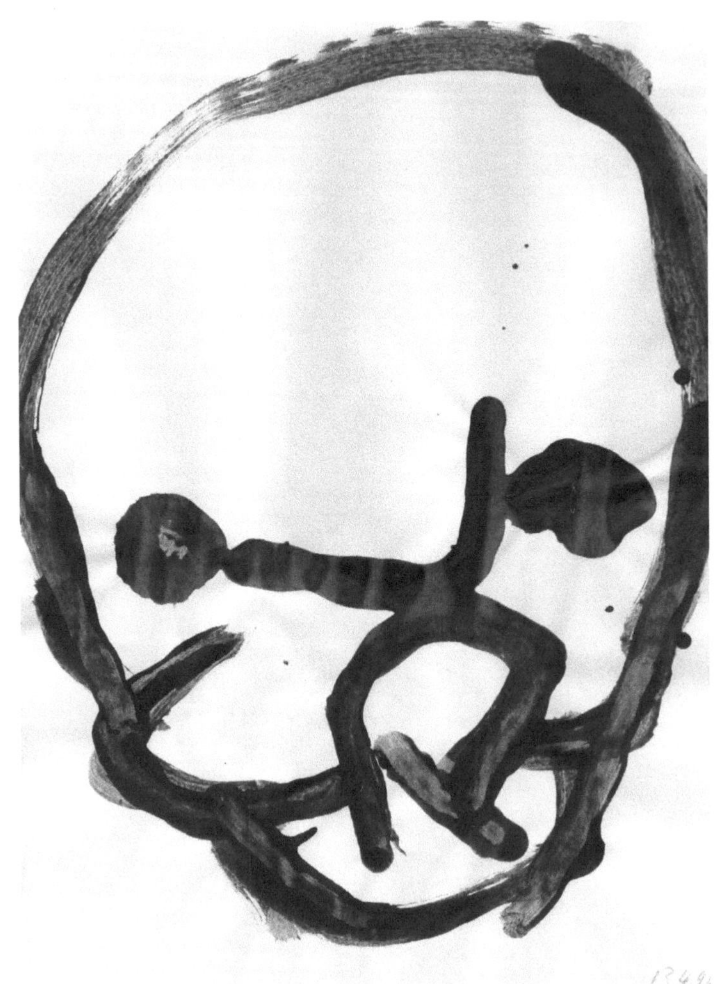

Ein in der Großgemeinde Burgwald wohnhafter Mann war am Freitagmittag gegen 12 Uhr mit seinem Mercedes SLK von Bottendorf kommend in Richtung Frankenberg unterwegs. In einer langgezogenen, leichten Linkskurve wenige hundert Meter hinter dem Ortsausgang kam der Zweisitzer nach rechts von der Bundesstraße 252 ab, überfuhr den Grünstreifen und krachte gegen einen massiven Baum neben der Fahrbahn. Dabei erlitt der 44-Jährige tödliche Verletzungen.

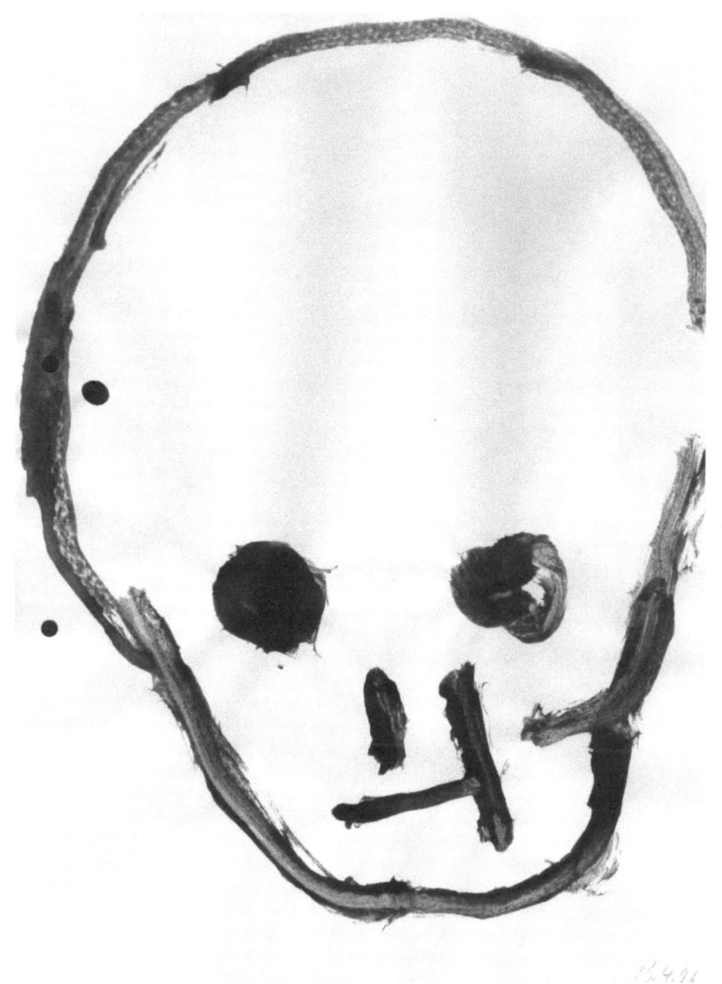

Eine 31 Jahre alte Fußgängerin wurde in der Nacht zum Dienstag in Berlin-Wilmersdorf von einem Auto überfahren und getötet. Der Fahrer bog in die Düsseldorfer Straße ein und verschwand. Die Polizei sucht einen dunklen VW-Golf mit beschädigten Scheinwerfern.

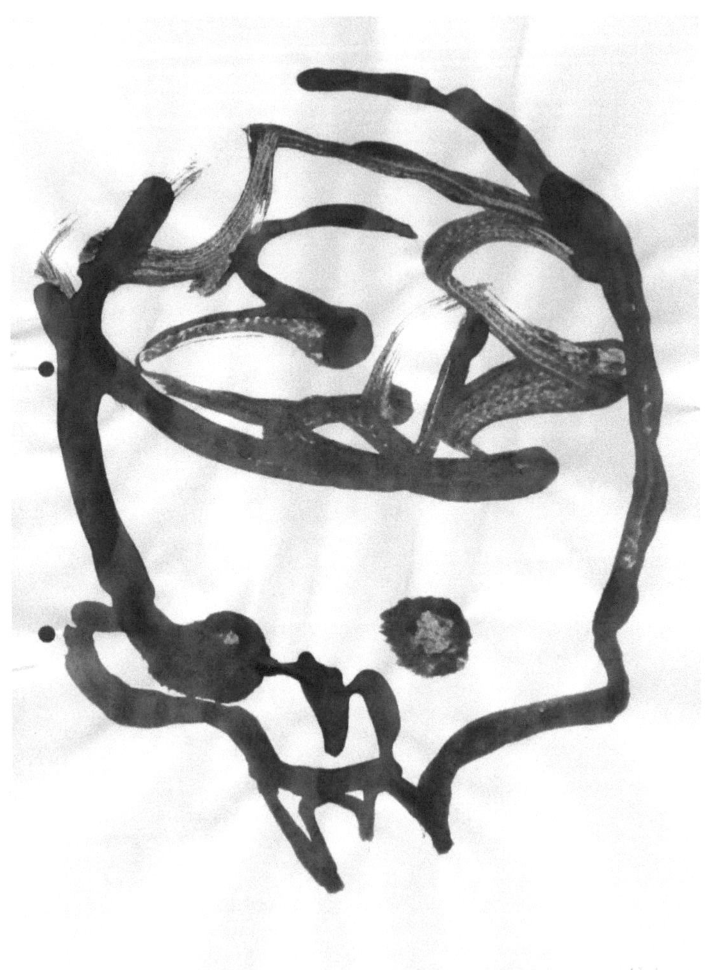

Ein 18-jähriger Türke aus Birsfelden verlor in der Nacht zum
Sonntag um 0.40 Uhr die Herrschaft über seinen Audi A3
und raste gegen parkierte Wagen. Der Fahrer starb noch an
der Unfallstelle.

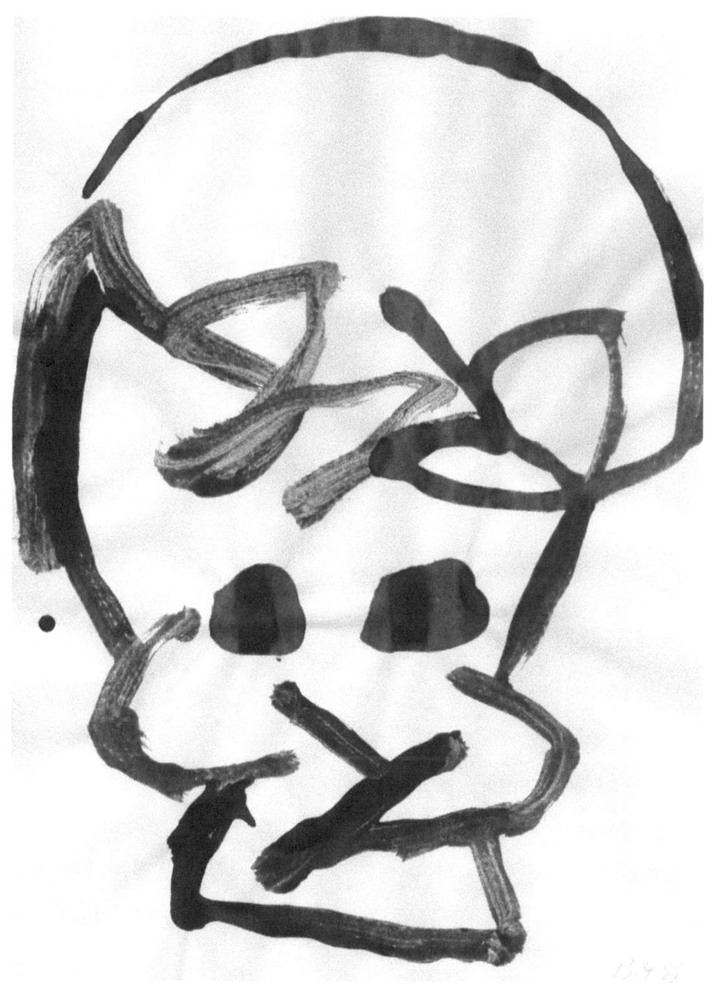

Ein 59-Jähriger aus dem Landkreis Nürnberger Land prallte am Freitag gegen 16 Uhr mit seinem BMW-Cabrio frontal auf einen entgegenkommenden leeren Vierzigtonner und war sofort tot.

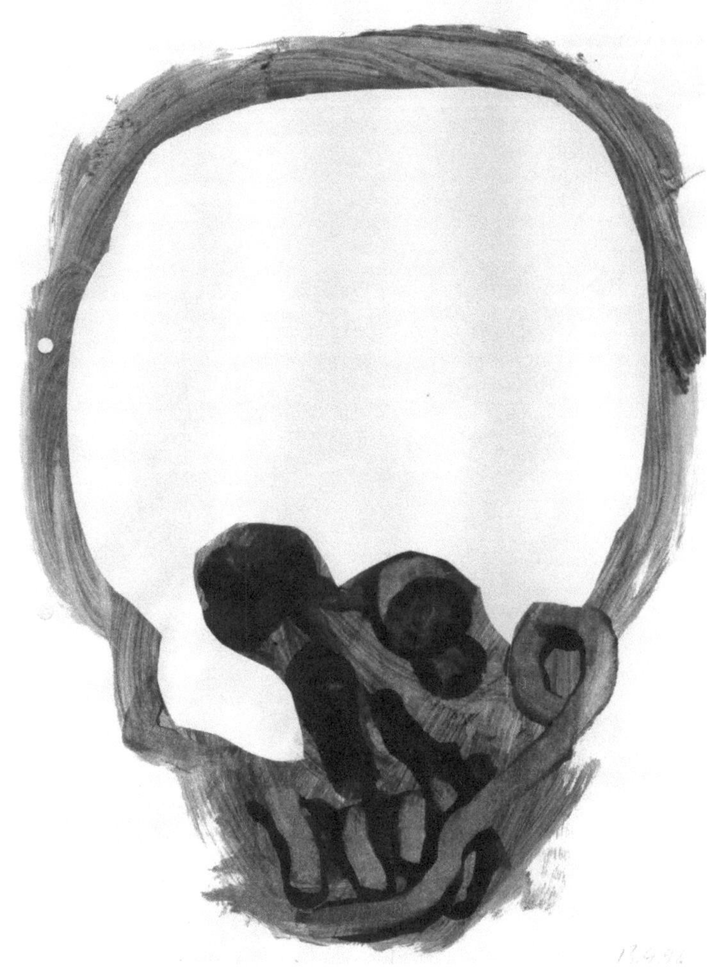

Ein 58-jähriger Fußgänger aus Schneppenhausen wurde am Freitag gegen 21.45 Uhr auf der Landesstraße 3113 in Höhe Gräfenhausen von einem Motorrad erfasst und tödlich verletzt.

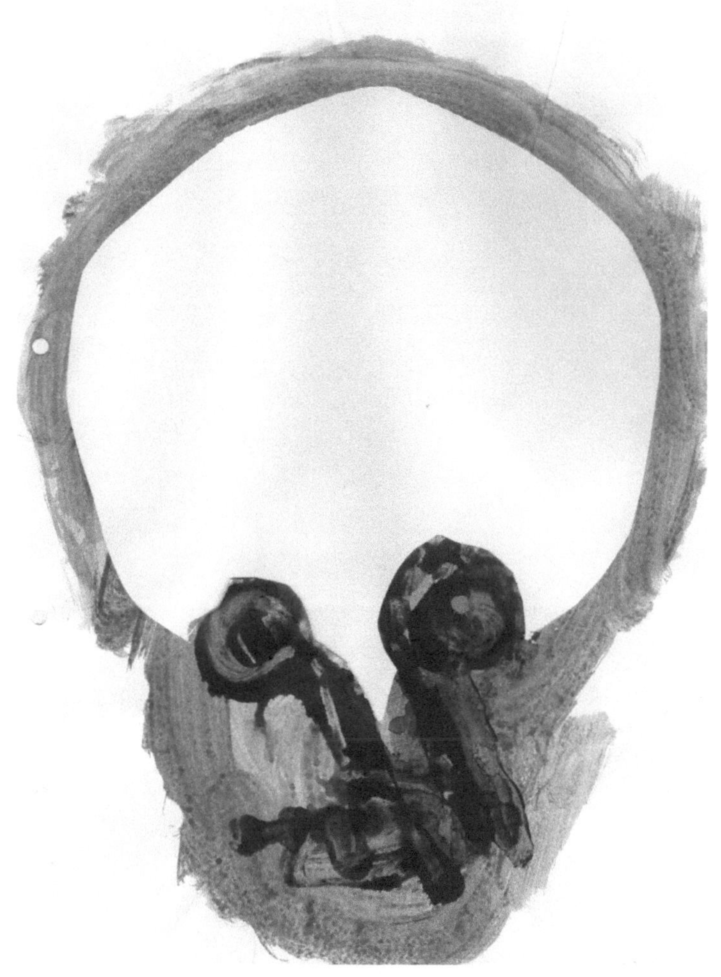

Die 57-jährige Lenkerin eines VW Golf überquerte am Sonntagabend kurz vor 20 Uhr die Kreuzung L 318/L 320 bei Friesenhofen und übersah einen aus Richtung Isny kommenden 24-jährigen Motorradfahrer. Der junge Mann prallte mit seiner Maschine und seiner mitfahrenden 20-jährigen Sozia frontal gegen die rechte Seite des Autos. Der 24-Jährige war sofort tot.

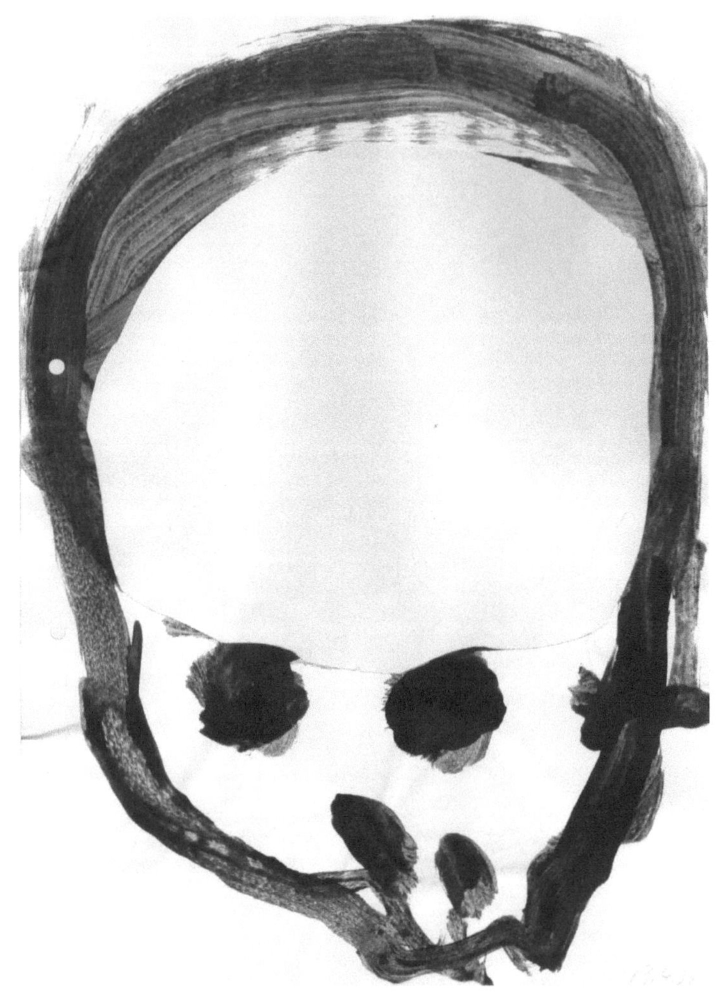

Eine 25-jährige Frau kam am frühen Sonntagmorgen kurz nach dem Tunnelausgang in Laufen mit ihrem Ford Mondeo auf die linke Fahrbahnseite und prallte auf ein entgegenkommendes Fahrzeug. Der 29-jährige Fahrer des entgegenkommenden Fahrzeugs verstarb noch an der Unfallstelle.

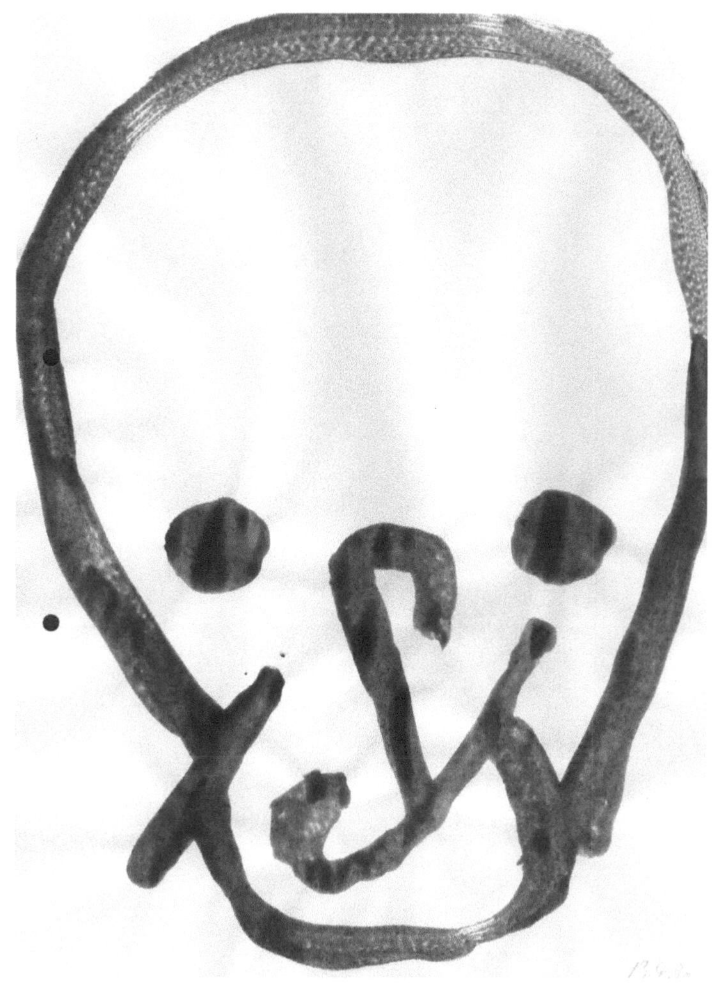

Ein 41-Jähriger wendete am Mittwochnachmittag seinen
Audi in der Plauener Straße in Lichtenberg und übersah
die Suzuki eines von rechts kommenden 42-Jährigen. Der
42-jährige Motorradfahrer erlag noch am Unfallort seinen
Verletzungen.

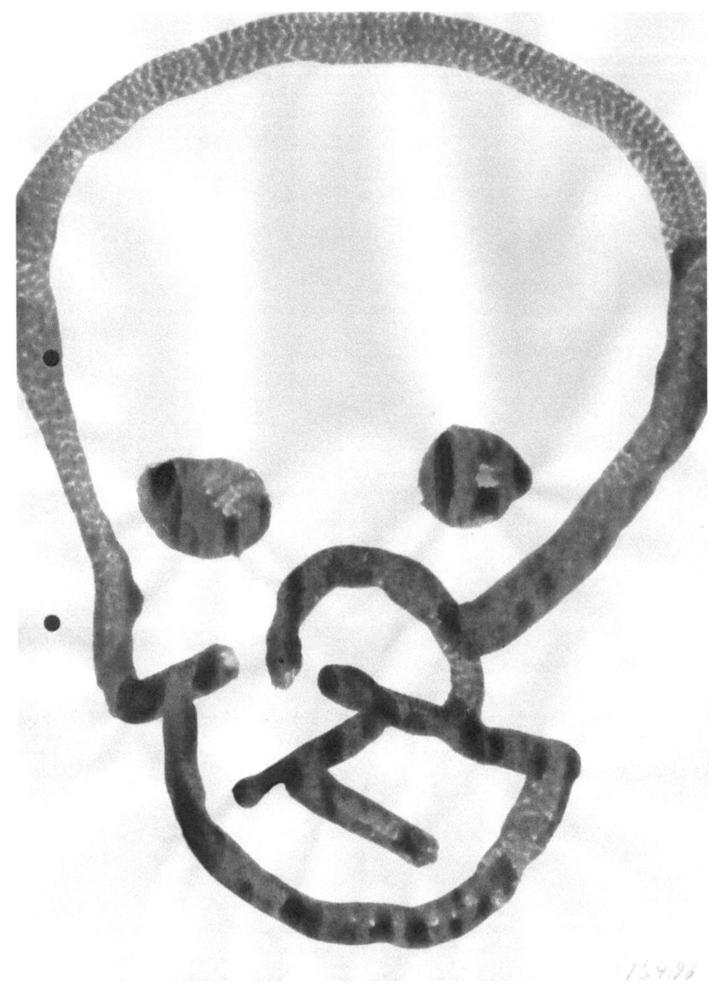

Eine 45-jährige Fahrerin kam am Samstag gegen 15.45 Uhr mit ihrem Alfa zwischen Germering und Gauting nach rechts von der Fahrbahn ab und prallte gegen einen Baum. Ihr Ehemann auf dem Beifahrersitz war sofort tot.

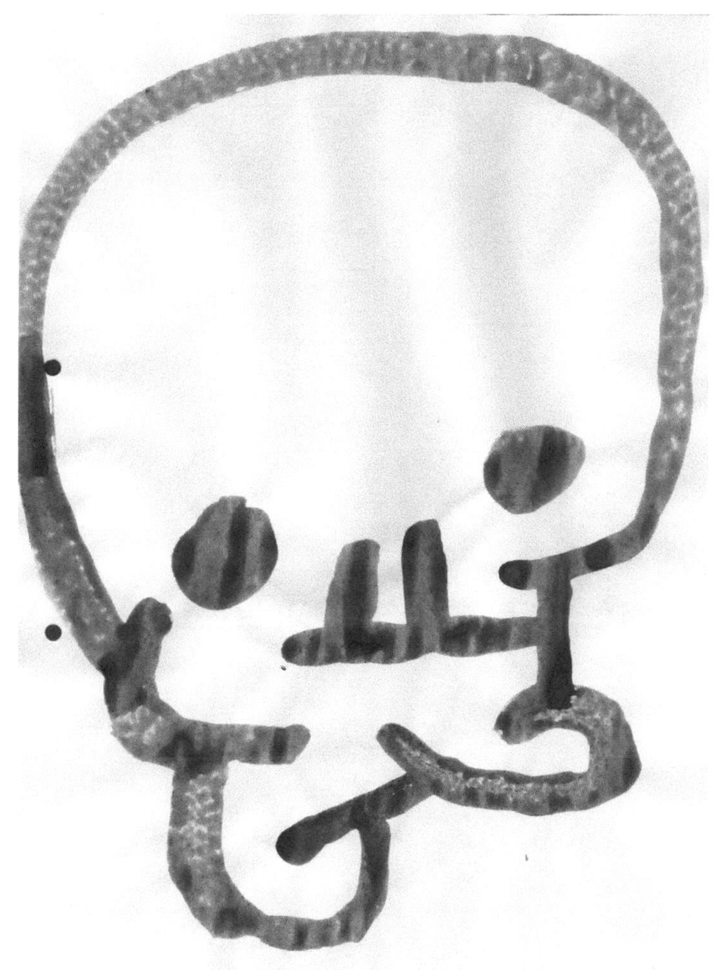

Ein 33-jähriger Motorradfahrer geriet am Montagabend gegen 19 Uhr auf der Bundesstraße 236 zwischen Oster- feld und Bromskirchen ins Schleudern. Er stürzte von der Maschine, rutschte am rechten Fahrbahnrand unter eine Leitplanke und prallte gegen einen Halterungsträger. Der 33-Jährige starb noch an der Unfallstelle.

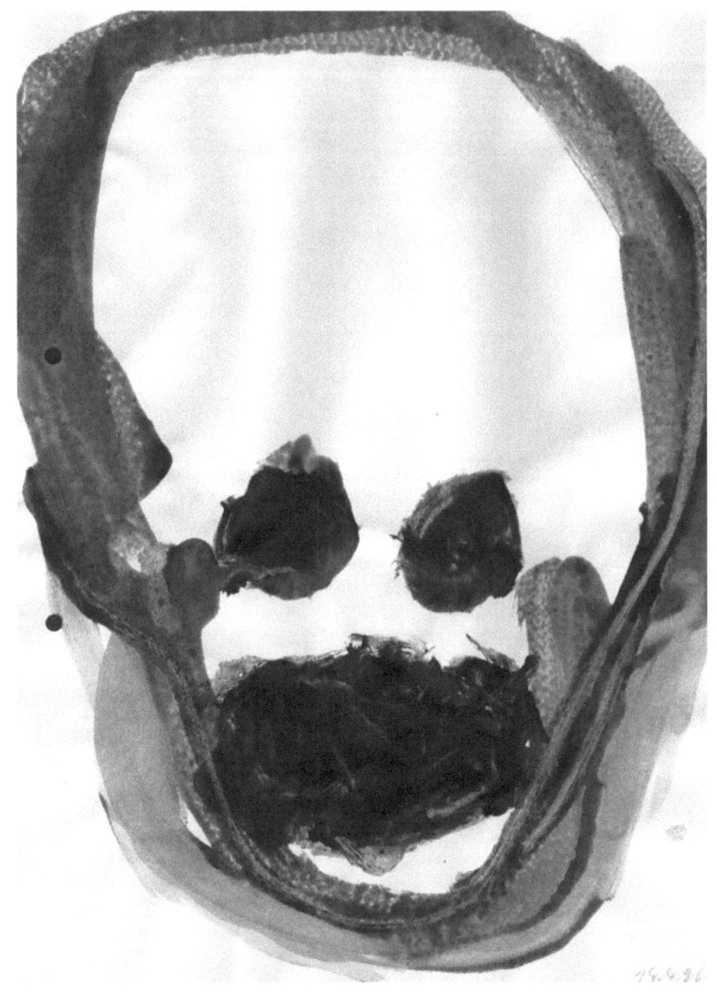

Eine 30-jährige Autofahrerin aus Frankfurt kam in der Nacht zum Mittwoch auf der Autobahn zwischen Idstein und Bad Camberg ins Schleudern. Der Wagen kollidierte mit dem rechts fahrenden Auto eines 23-Jährigen aus Schwelm. Beide Fahrzeuge kamen von der Straße ab und überschlugen sich. Die Fahrerin erlag ihren Verletzungen.

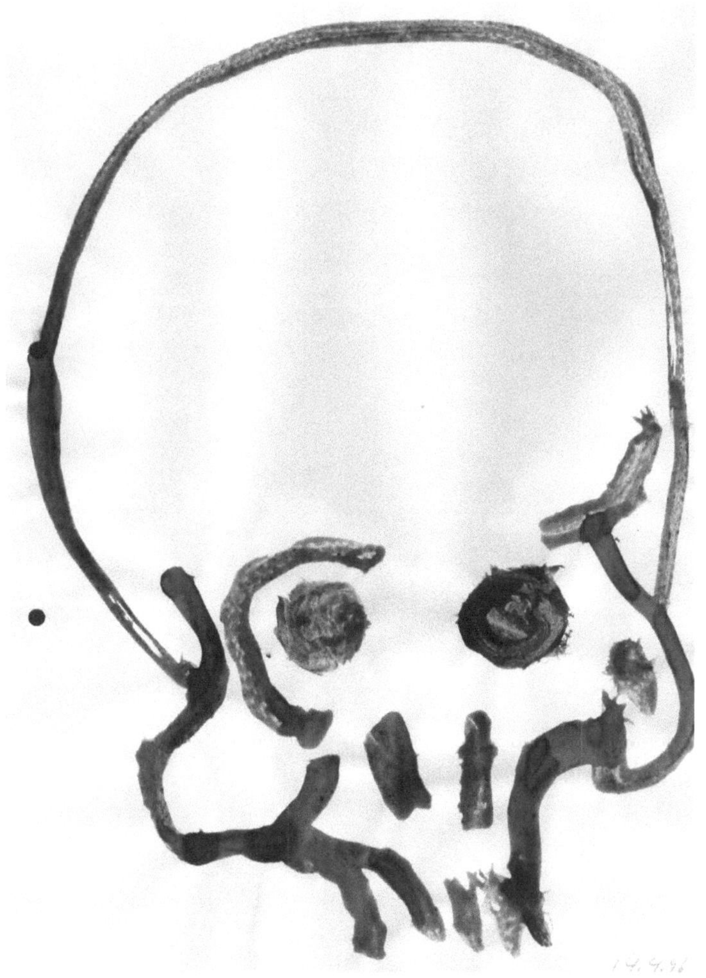

Ein Wallenhorster Opelfahrer kam am Samstagnachmittag aus Richtung Rulle kommend am Ruller Weg von der Straße ab und prallte frontal gegen einen Baum. Der 40-Jährige starb noch am Unfallort.

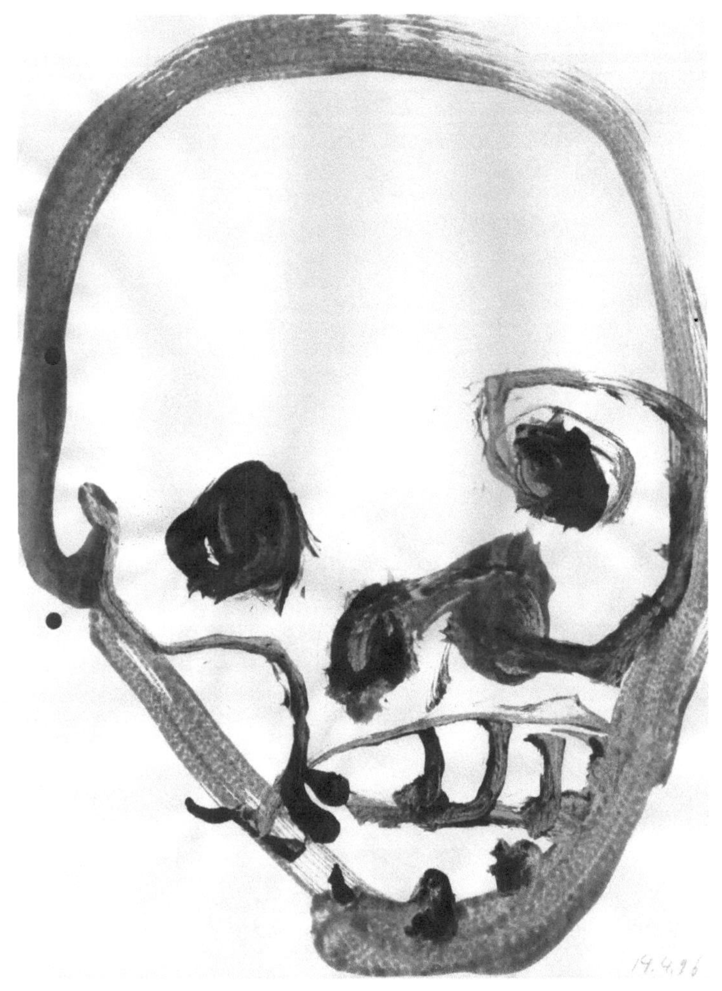

Ein 54-jähriger Fußgänger aus Schwandorf wurde am Samstag gegen 0.20 Uhr von der Gaststätte Meldau kommend beim Überqueren der B 85 von dem Renault Clio eines 20-jährigen Mannes aus dem Landkreis Schwandorf erfasst und tödlich verletzt. Der Mann blieb auf der Fahrbahn liegen und wurde von einem Kleintransporter Iveco überfahren, der von einem 29-jährigen Tschechen gesteuert wurde.

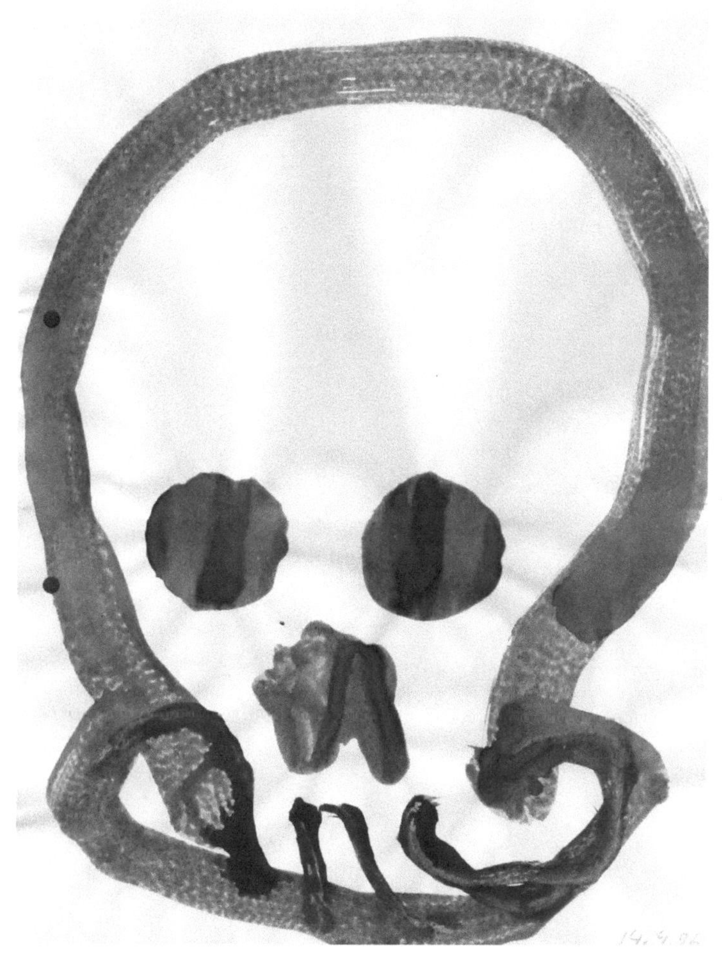

Ein 25-jähriger Leverkusener kam am Dienstagmorgen auf
der Solinger Straße zwischen Opladen und Rheindorf in
Höhe des Neuburgerhofs mit seinem Peugeot von der Fahrbahn ab und schleuderte in einen entgegenkommenden
7,5-Tonner. Er verstarb noch an der Unfallstelle.

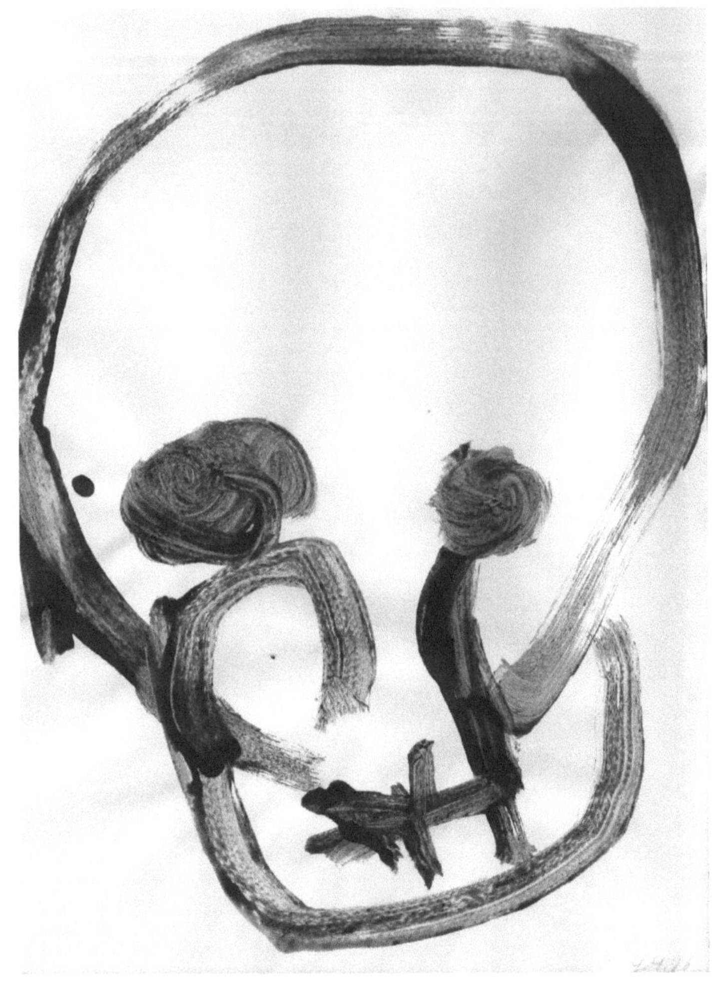

Ein 71-jähriger Autofahrer aus Petershagen geriet am Dienstagmorgen mit seinem Ford Focus auf der L 770 aus Richtung Espelkamp kommend zwischen der Weser- und Schleusenkanalbrücke auf die Gegenfahrbahn und stieß mit einem entgegenkommenden Mercedes E-Klasse zusammen. Er starb an der Unfallstelle.

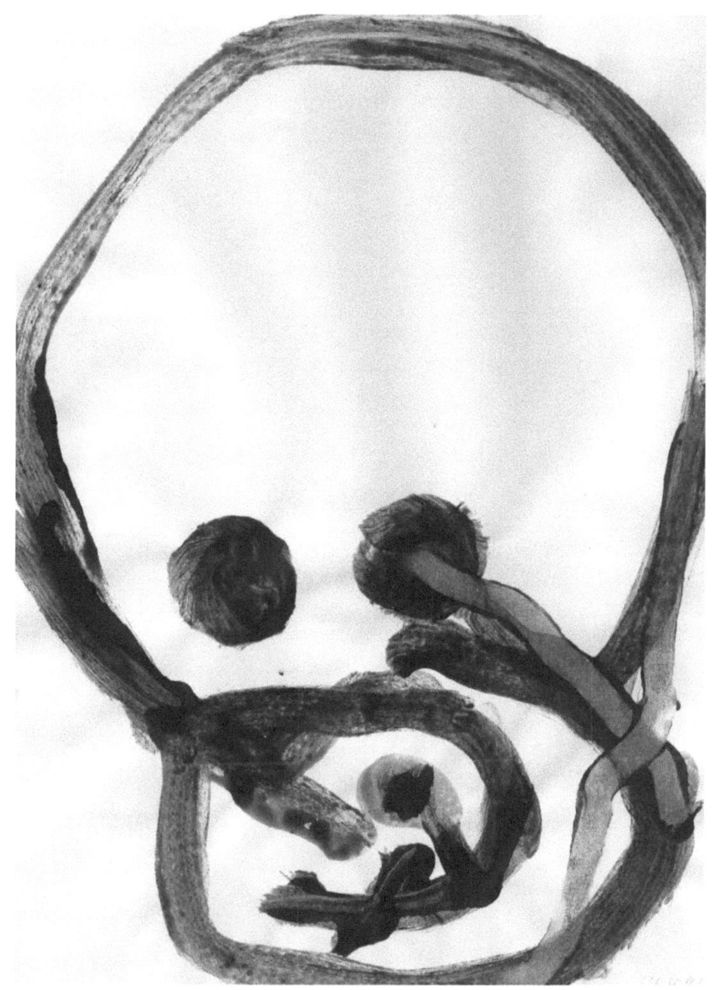

Der Fahrer eines Porsche verlor am Mittwochabend auf der
A 44 zwischen dem Aachener Kreuz und der Abfahrt Brand
die Kontrolle über sein Fahrzeug und schleuderte auf den
Autobahnparkplatz «Am Tunnel» und dort unter einen Lastwagen. Er starb im Aachener Klinikum.

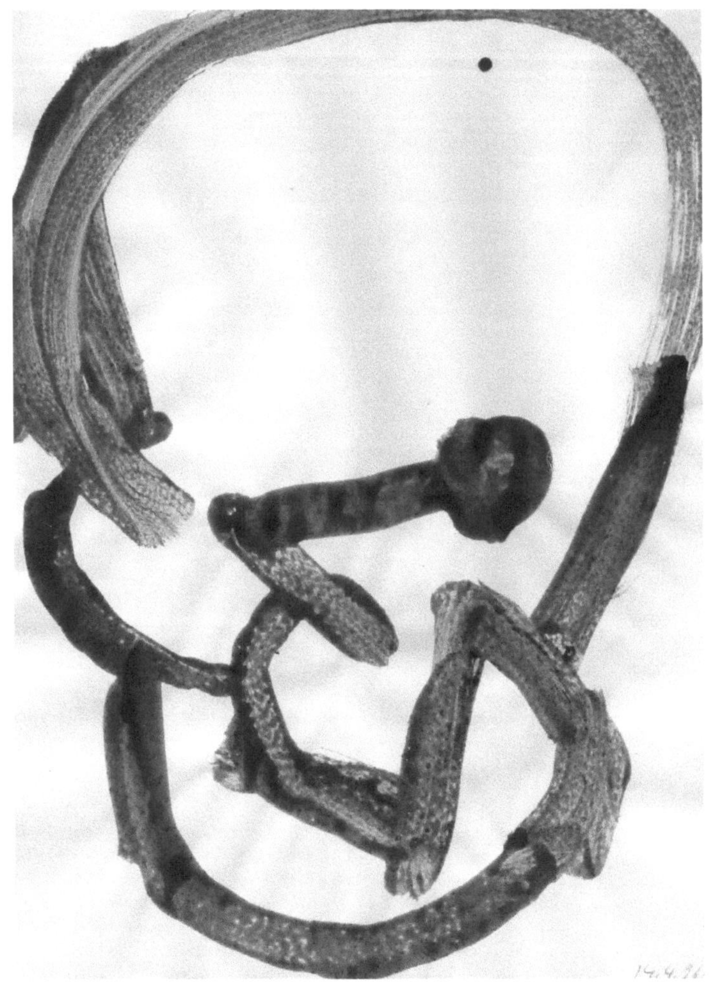

Eine 20-Jährige verlor am Samstag gegen 13 Uhr zwischen Pfaffenhofen und Pörnbach auf der Bundesstraße 13 in Richtung Norden die Kontrolle über ihren Fiat Punto, als sie einem Holzscheit auf der Fahrbahn ausweichen wollte. Sie stieß frontal mit dem BMW eines 50-jährigen Münchners zusammen und starb noch am Unfallort.

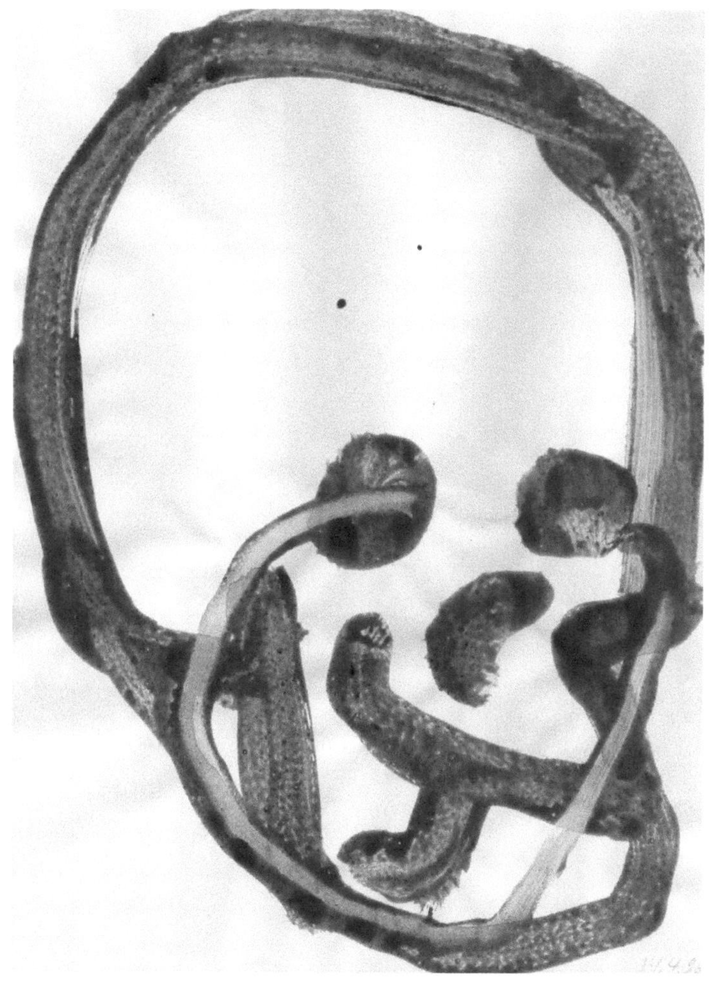

Der 38-jährige Fahrer eines S-Klasse Mercedes kam am Donnerstagabend auf der Bundesstraße 469 bei Seligenstadt von der Fahrbahn ab und prallte mit der Fahrerseite gegen einen etwa 50 Zentimeter dicken Baum. Er war sofort tot.

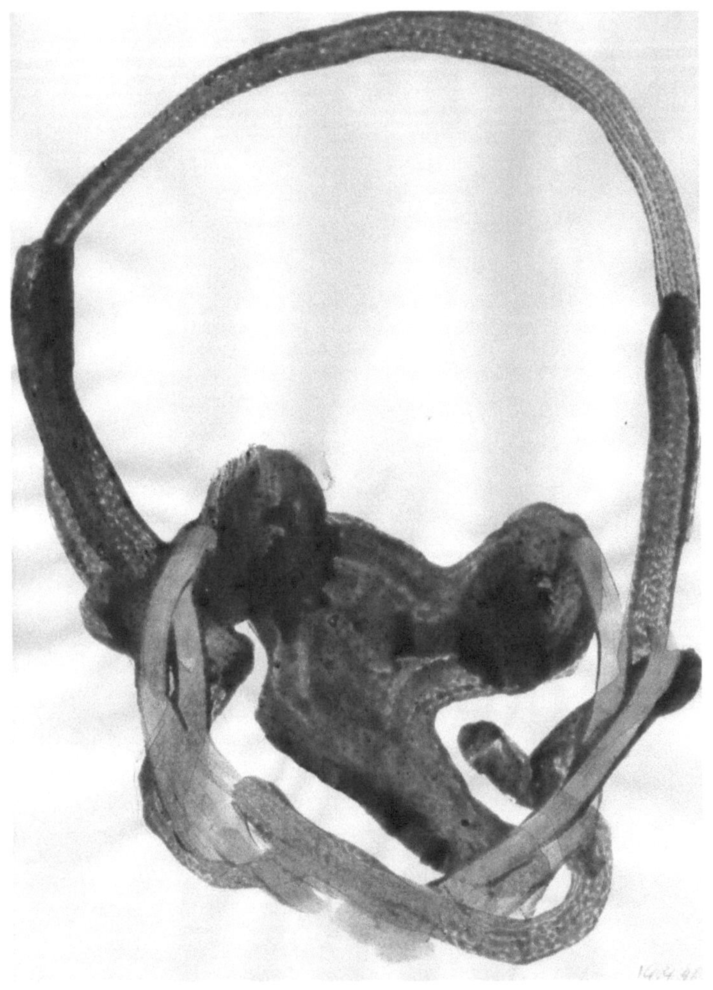

Ein Mann aus Rauschenberg fuhr auf einer schwarzen Suzuki am Samstag gegen 15 Uhr aus Richtung Gemünden kommend nach Frankenberg. Bei den oberen Serpentinen am Waldrand zwischen Römershausen und Friedrichshausen prallte er in einer Linkskurve gegen die rechte Leitplanke. Er erlag noch im Rettungswagen seinen schweren Verletzungen.

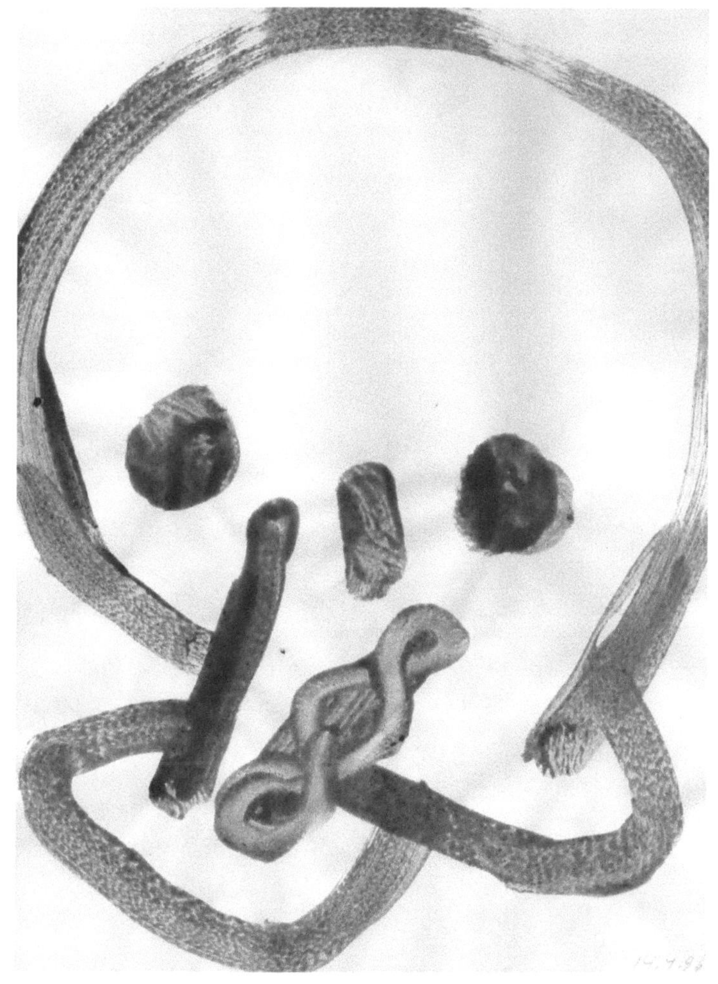

Eine 24-jährige Frau geriet am Freitag mit ihrem Fiat Panda zwischen Keferloh und Haar in einer Linkskurve auf die Gegenfahrbahn und prallte mit einer entgegenkommenden Kehrmaschine zusammen. Sie starb noch am Unfallort.

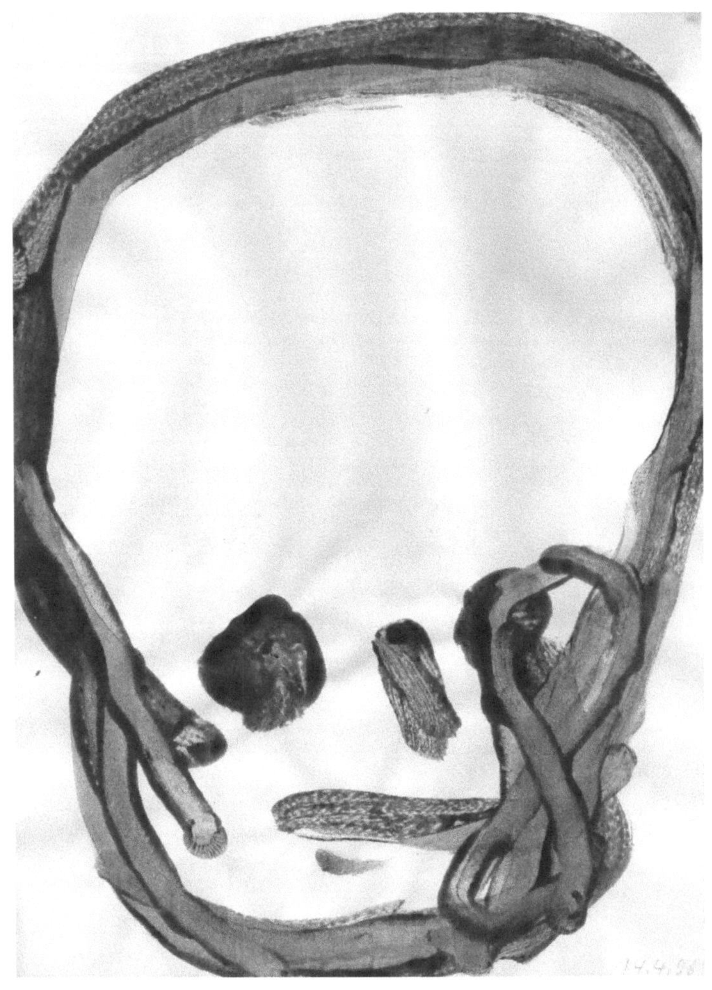

Zwei Männer aus Horb gerieten Donnerstag gegen 1.30 Uhr mit ihrem VW Polo in der Linkskurve vor Ihlingen ins Schleudern und stürzten eine Böschung hinab. Der 24-jährige Fahrer war sofort tot. Der 23-jährige Beifahrer starb noch in der Nacht in der Uniklinik Tübingen.

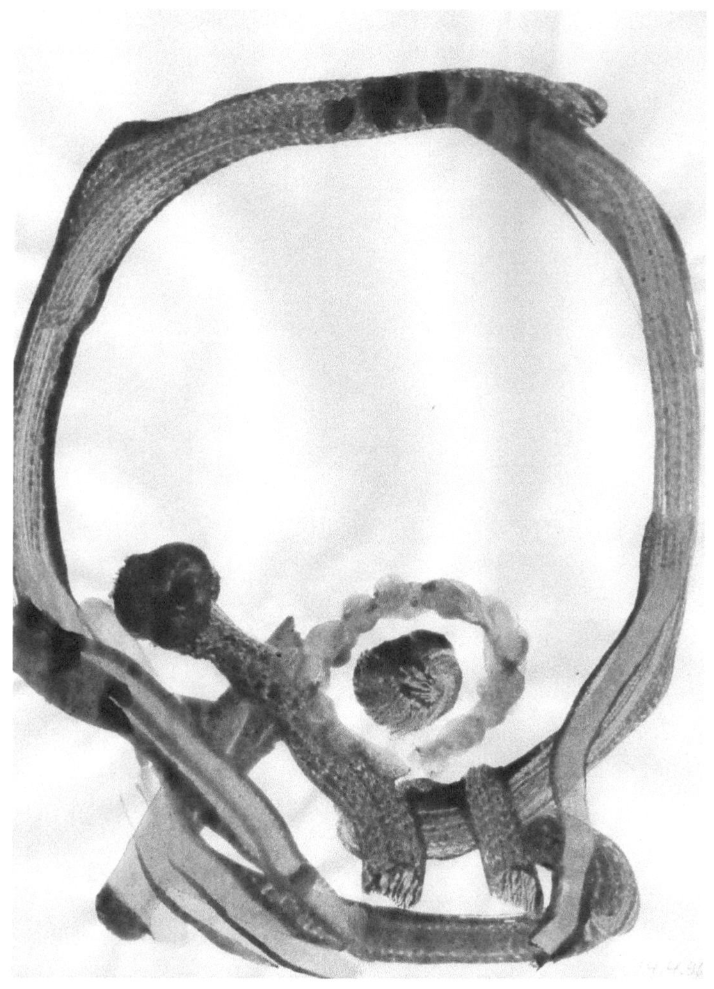

Eine Frau kam in der Nacht zum Montag mit ihrem Opel
Astra auf dem Verbindungsweg zwischen der Radarstation
Löffelstelzen und Reckerstal in einer Rechtskurve nach links
von der Straße ab und überschlug sich mehrfach auf einem
Acker. Die 34-Jährige wurde aus dem Auto geschleudert und
tödlich verletzt.

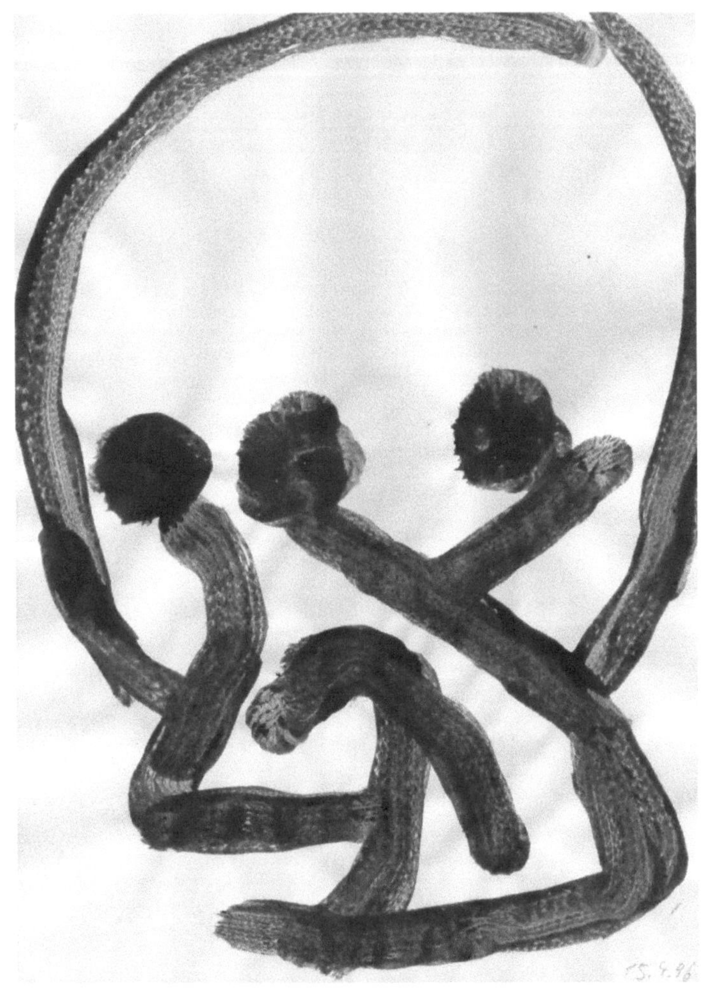

Ein mit vier jungen Leuten besetzter roter Opel Astra kam
am frühen Samstagmorgen gegen 2.30 Uhr auf der Kreis-
straße 96 zwischen Freiensteinau und Radmühl hinter einer
Linkskurve nach rechts von der Fahrbahn ab, stieß gegen die
Böschung und überschlug sich. Dabei starb ein 18-jähriger
Mitfahrer aus Flieden.

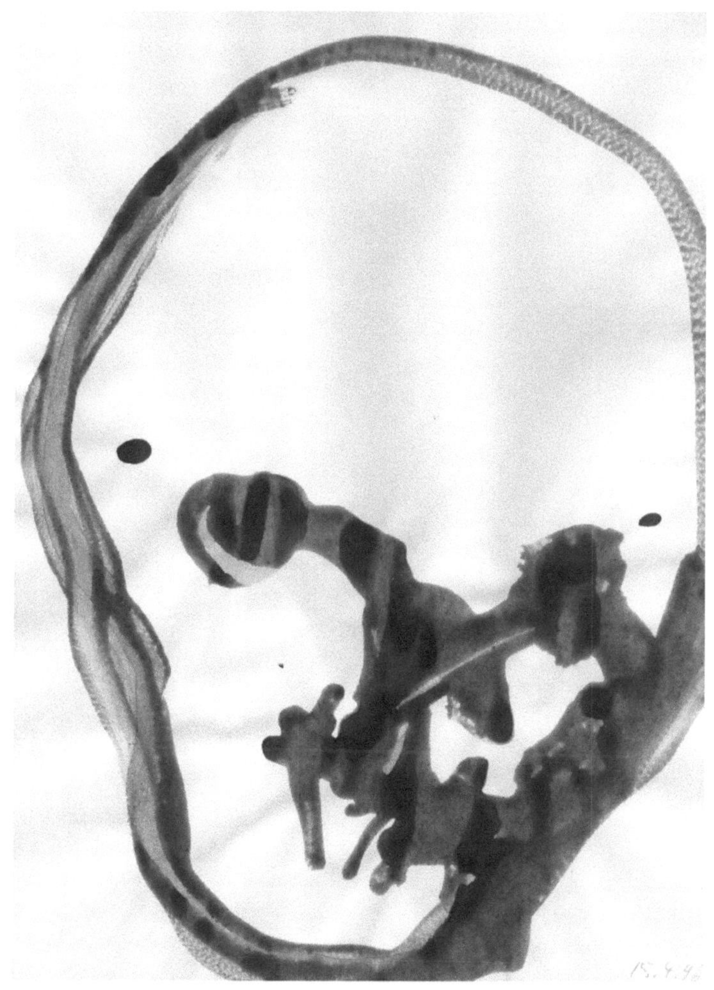

Ein 52-jähriger Maschinenbauingenieur aus Grabenstätt kam am Montagabend mit seinem BMW 530 infolge überhöhter Geschwindigkeit von der Autobahn A 8 ab. Das Auto schleuderte über die Leitplanke einen Abhang hinab und prallte gegen Bäume. Der Ingenieur konnte nur noch tot geborgen werden.

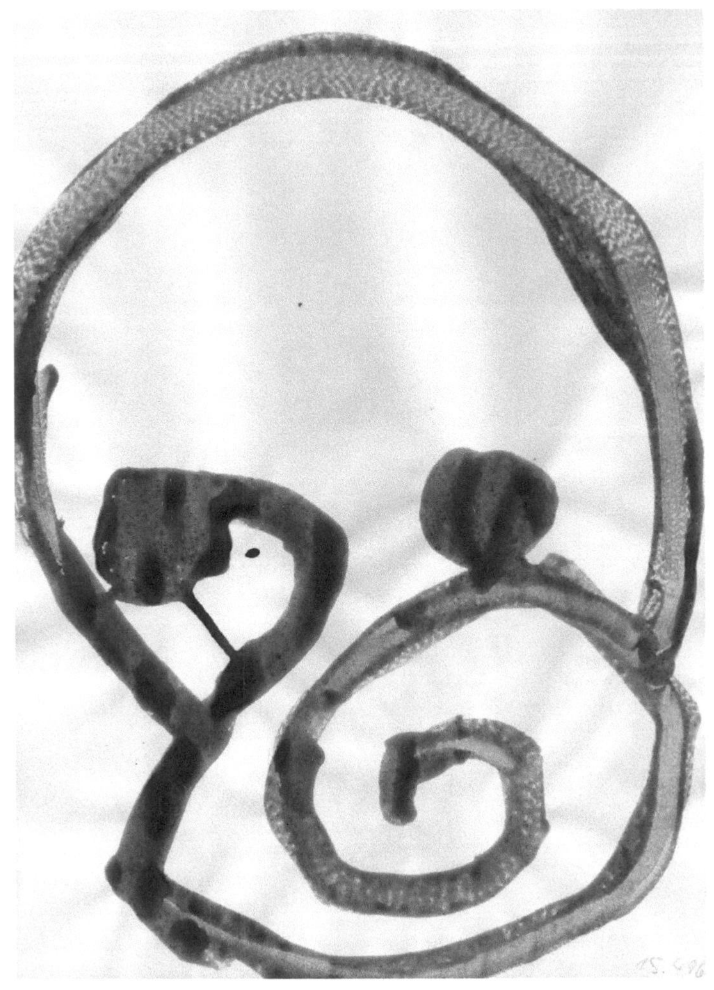

Ein 44-jähriger Renaultfahrer verlor am Sonntag auf der
B 170 am Possendorfer Berg beim Überholen die Kontrolle
über sein Fahrzeug und geriet auf die Gegenfahrbahn. Dort
kam es zum frontalen Zusammenstoß mit einem Ford. Die
74-jährige Beifahrerin im Ford starb noch an der Unfallstelle.

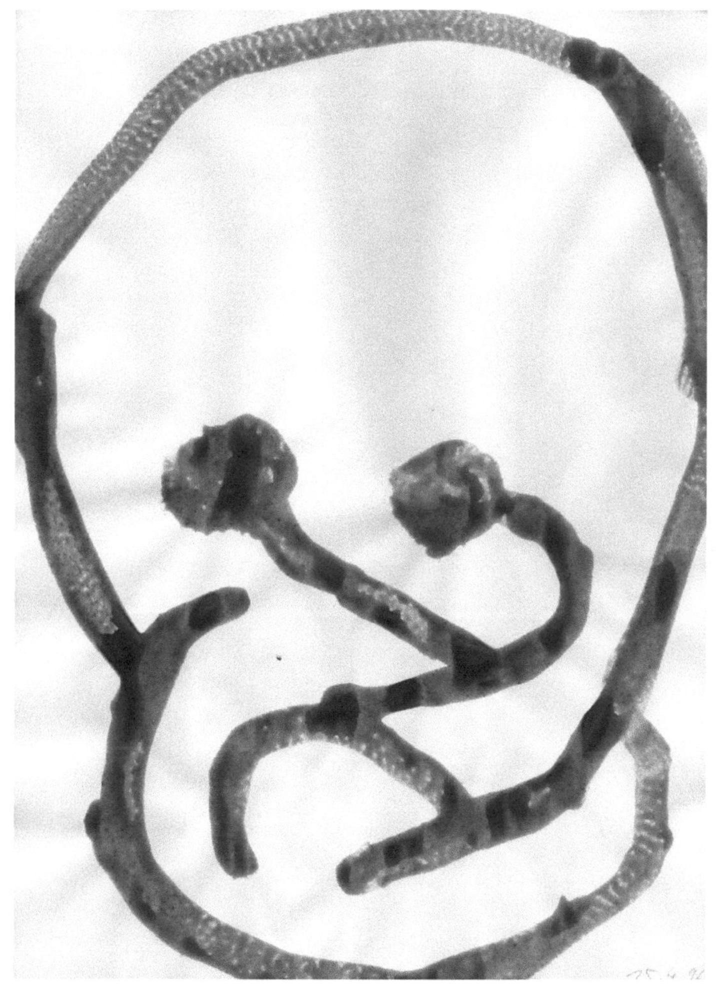

Der 76-jährige Fahrer eines Audis A3 wollte am Donnerstag
gegen 16 Uhr von der Hauptstraße des Ortsteils Weidensdorf
in Remse nach links auf die vorfahrtberechtigte Waldenburger
Straße auffahren und stieß dabei mit einem Lkw zusammen.
Er erlag noch an der Unfallstelle seinen Verletzungen.

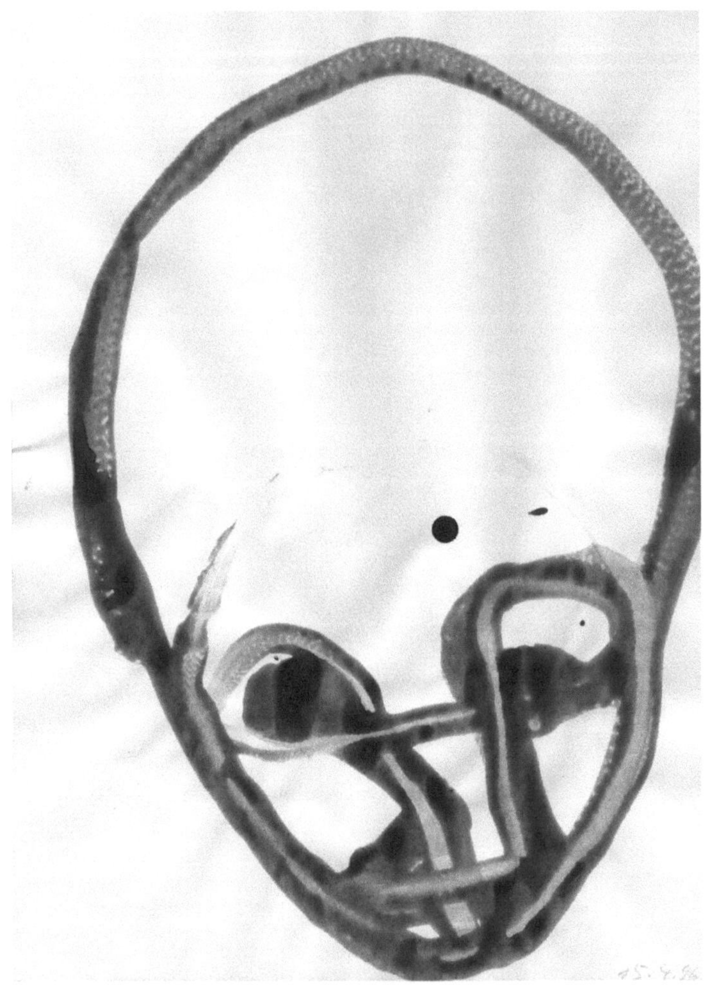

Eine 66-jährige niederländische Motorradfahrerin erlitt am Sonntagnachmittag bei einem Verkehrsunfall im Hochsauerlandkreis auf der Landesstraße 776 von Schmallenberg-Bad Fredeburg in Fahrtrichtung Bestwig tödliche Verletzungen. Ein 72-jähriger Autofahrer hatte beim Abbiegen die Vorfahrt der Kradfahrerin missachtet.

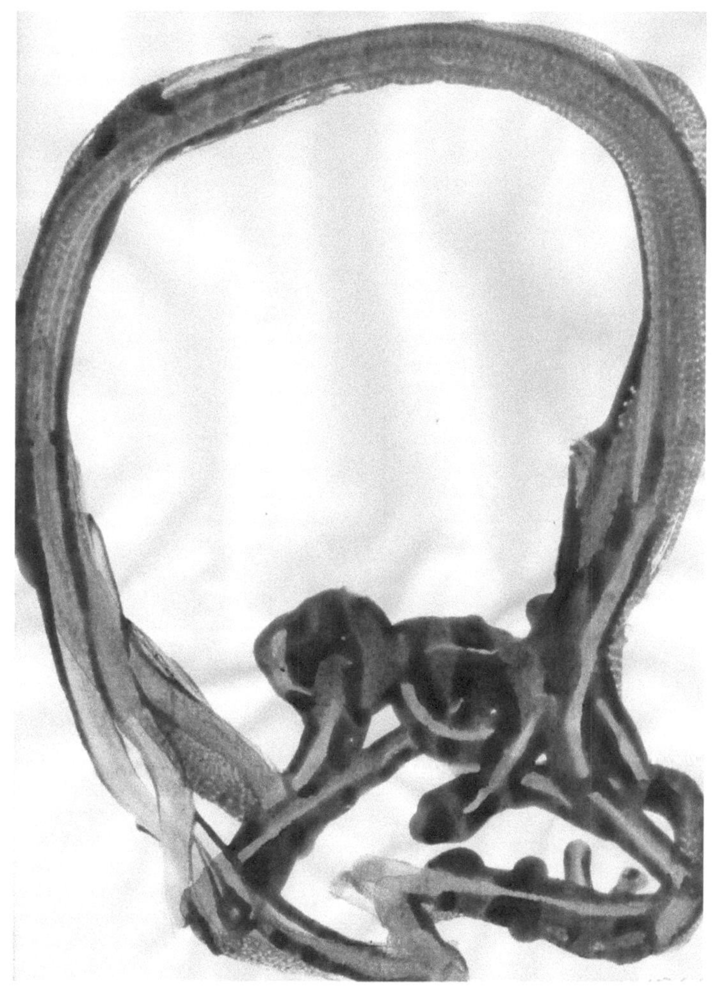

Ein 23-Jähriger raste am Mittwochabend mit seinem Skoda gegen eine mächtige Linde neben der Bundesstraße 207 bei Kröppelshagen und war sofort tot.

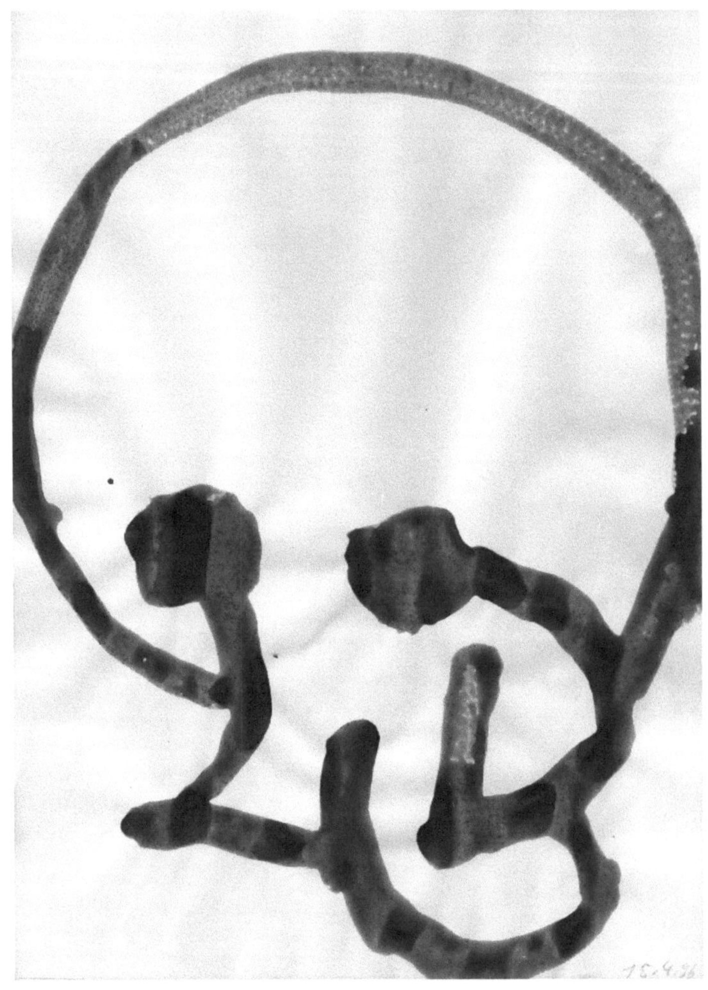

Ein Golffahrer (48) kam am Samstag gegen 16.15 Uhr in Essen in einer scharfen Rechtskurve von der Fahrbahn der Straße Ruhrau kurz vor der Einmündung Pläßweidenweg ab und erfasste ein Ehepaar auf der Mittelinsel. Die 73-jährige Fußgängerin erlag ihren schweren Verletzungen.

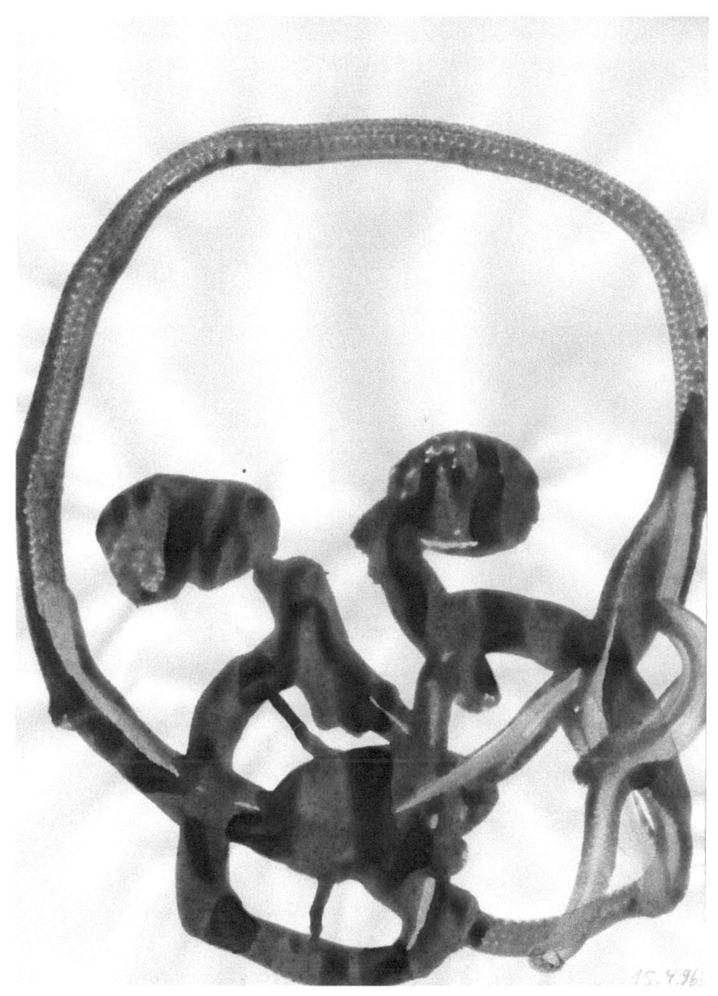

Ein 35-Jähriger kam am Dienstagvormittag auf der A 5 bei Heppenheim (Bergstraße) nach rechts von der Fahrbahn auf einen Parkplatz ab und prallte mit hoher Geschwindigkeit auf einen dort abgestellten Autotransporter. Das Fahrzeug ging sofort in Flammen auf. Der Fahrer kam ums Leben.

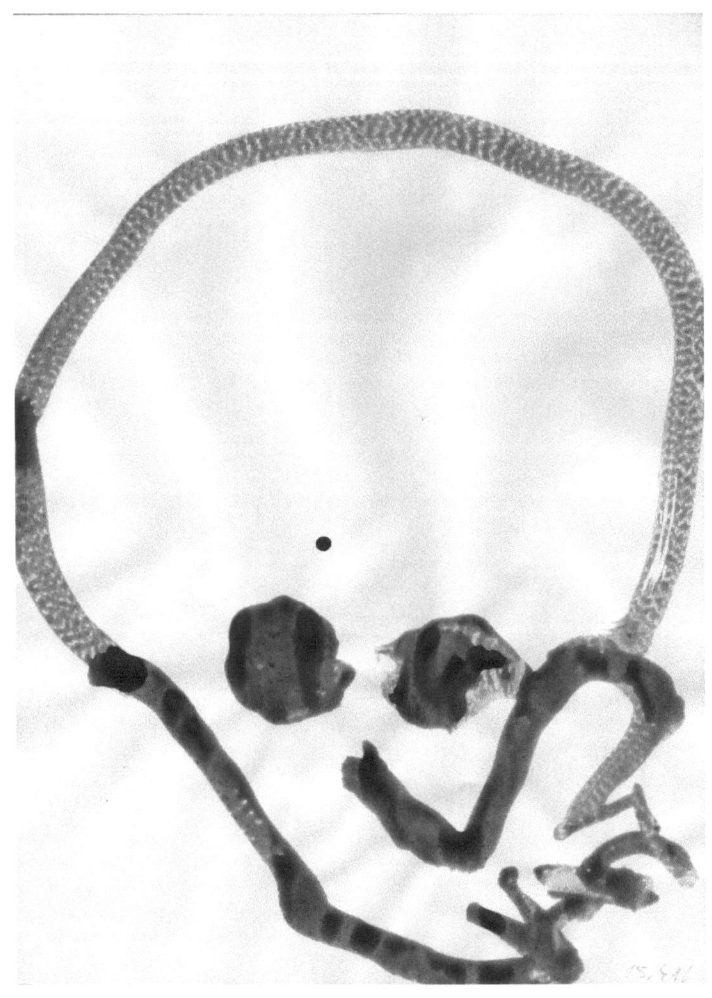

Ein 46-jähriger Wiehler verlor am Mittwoch gegen 8.40 Uhr in der Linkskurve, die auf der B 56 von Drabenderhöhe kommend die Ortseinfahrt von Wellerscheid einleitet, die Kontrolle über seinen VW Polo, schleuderte über einen Grünstreifen und Fußgängerweg und rammte gegen einen Baum. Dabei erlitt ein 55-jähriger Mitfahrer tödliche Verletzungen.

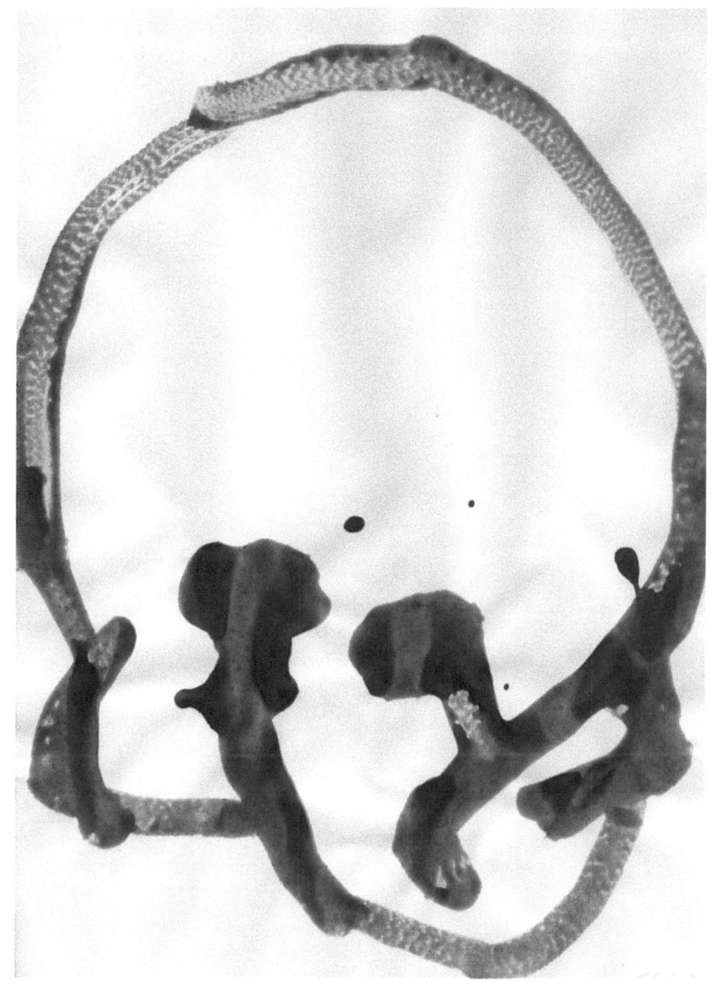

Eine 28 Jahre alte Frau aus dem Raum Achern geriet am
Montagmittag mit ihrem Opel Corsa auf der A 5 in Richtung
Basel ins Schleudern, schlitterte über eine Grünfläche, stieß
gegen die hintere rechte Seite eines parkenden Lasters und
prallte am Parkplatzrand in eine Baumgruppe. Für die Frau
kam jede Hilfe zu spät.

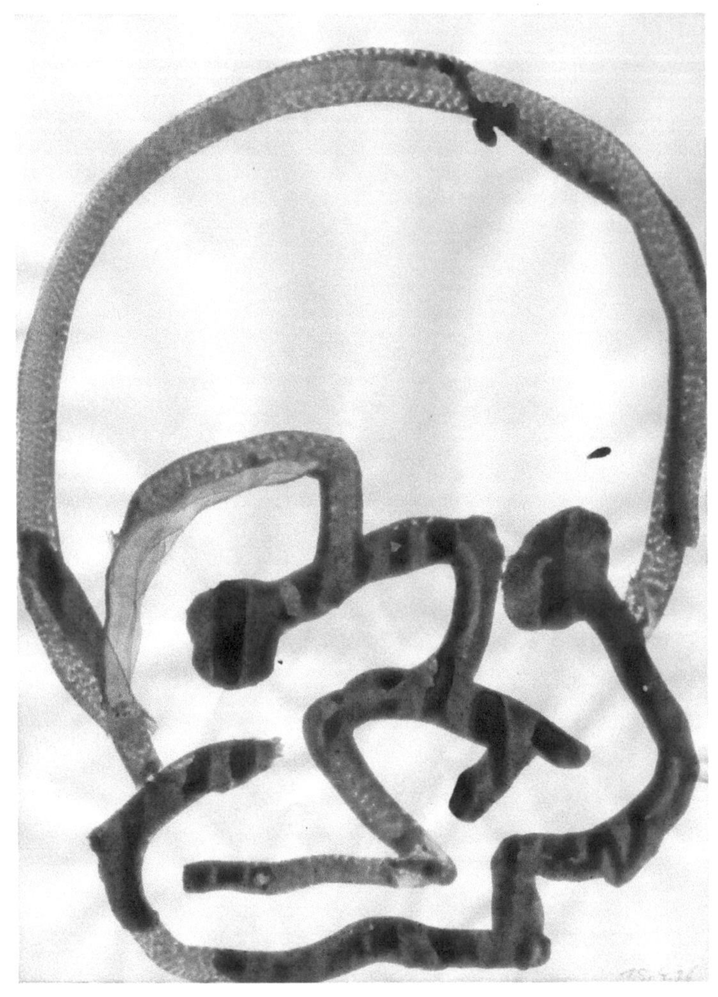

Die 19-jährige Fahrerin eines Renault Clio aus dem Ober-
spreewald-Lausitz-Kreis verlor am Freitag gegen 19.45 Uhr
in einer Rechtskurve die Kontrolle über ihr Auto und schleuderte auf die Gegenfahrbahn. Dort krachte sie mit der Fahrerseite in einen entgegenkommenden Geländewagen. Für die
junge Frau kam jede Hilfe zu spät.

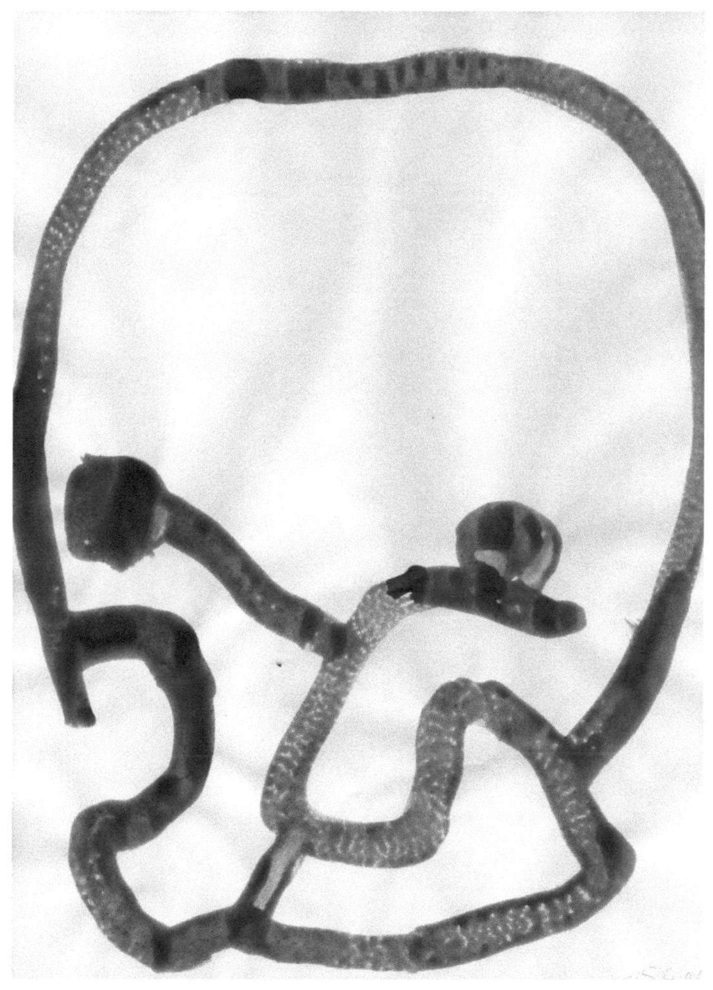

Eine 42 Jahre alte Mutter war am Montagabend mit ihrem vollbesetzen Auto auf der B 27 auf der Ofterdinger Steige auf dem rechten Fahrstreifen Richtung Balingen unterwegs. Etwa 300 Meter vor einer Fahrbahnverengung prallte der Wagen auf das Auto eines 40 Jahre alten Mannes am Stauende. Die Mutter starb noch an der Unfallstelle, ihr zehnjähriger Sohn starb später in der Klinik.

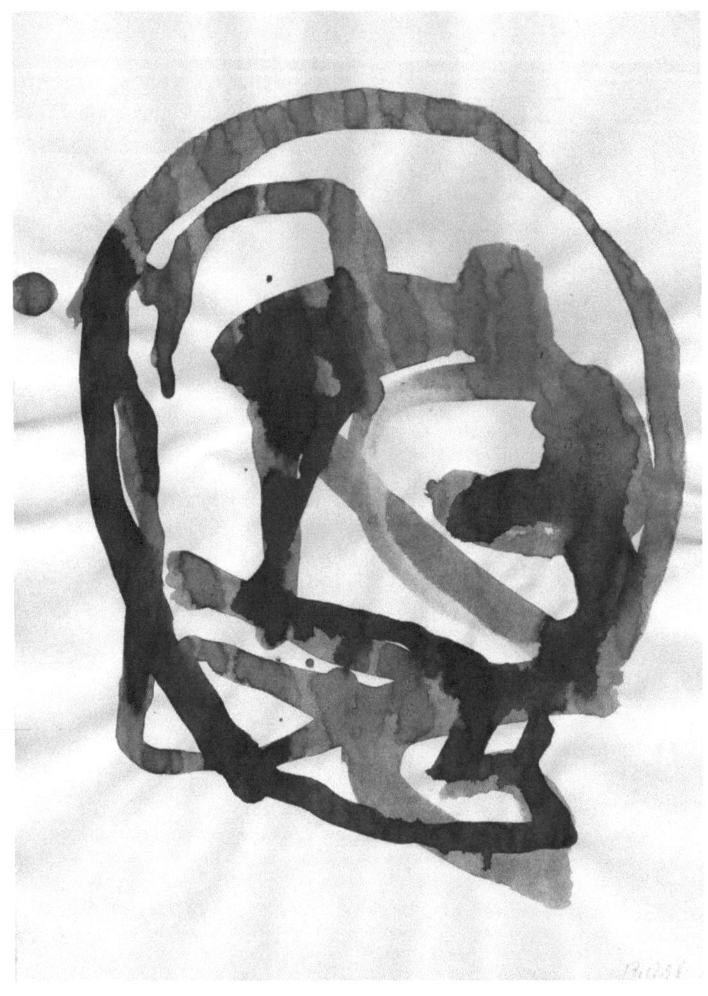

Ein 35-jähriger BMW-Fahrer kollidierte am Donnerstag bei einem Überholmanöver auf der B 304 bei Forsting in einer Linkskurve mit einem entgegenkommenden VW Golf. Die 27-jährige Fahrerin des Golfs wurde eingeklemmt, sie verstarb noch an der Unfallstelle.

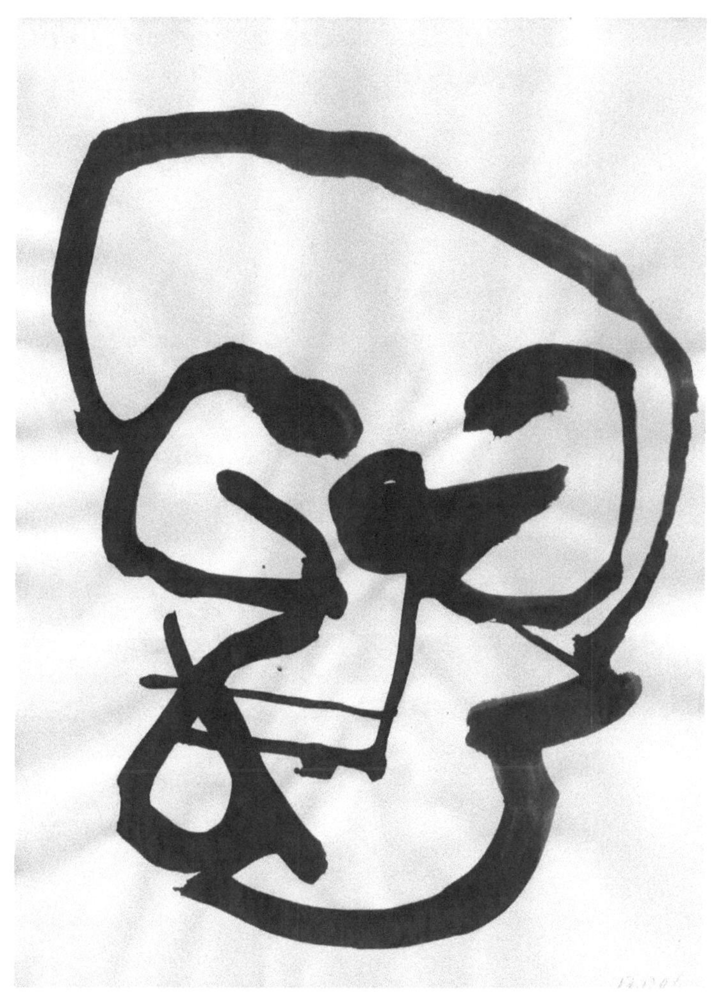

Einem 64-Jährigen, der am Sonntag mit seiner Ehefrau auf der Bundesstraße 96 von Frohnau kommend in Richtung Berlin-Zentrum unterwegs war, wurde hinter dem Steuer seines VW Golfs schwindelig, er verlor das Bewusstsein und rammte einen Poller. Trotz Reanimationsversuchen der eintreffenden Rettungskräfte verstarb der Mann.

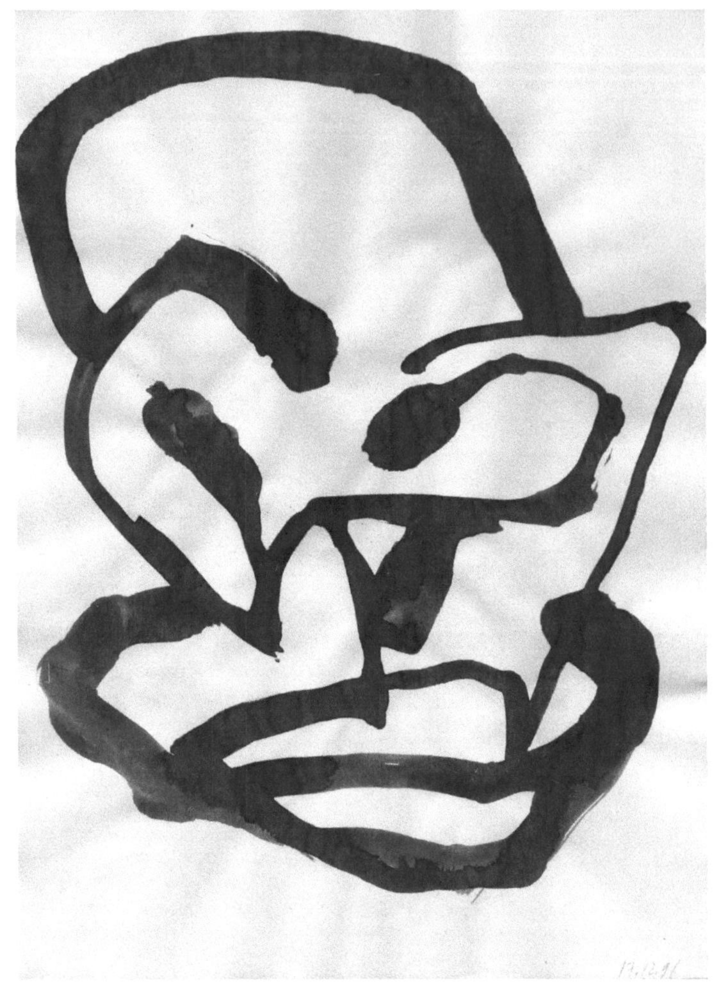

Eine 27 Jahre alte Frau kam zwischen Korbach und Strothe
im Strother Wald kurz hinter dem Abzweig nach Ober-
Waroldern von der Kreisstraße 15 ab und prallte gegen
mehrere Bäume. Beim Eintreffen der Rettungskräfte war die
Korbacherin bereits gestorben.

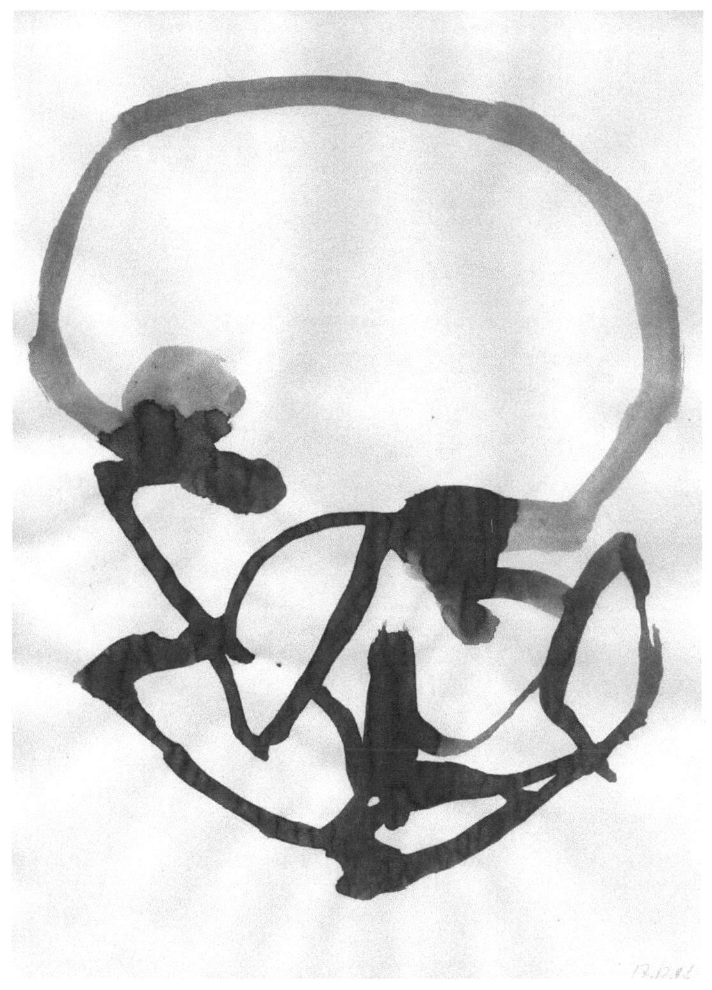

Der 27 Jahre alte Fahrer eines BMW kam am Mittwoch um
14.30 Uhr auf der abschüssigen Hegensdorfer Straße stadt-
auswärts in einer Linkskurve von der Fahrbahn ab und prallte
gegen einen Baum. Der Wagen wurde auf die Straße zurück-
geschleudert und blieb völlig zerstört auf dem Dach liegen.
Der BMW-Fahrer ließ seinen tödlich verletzten 22 Jahre alten
Beifahrer aus Büren im Wagen zurück und flüchtete.

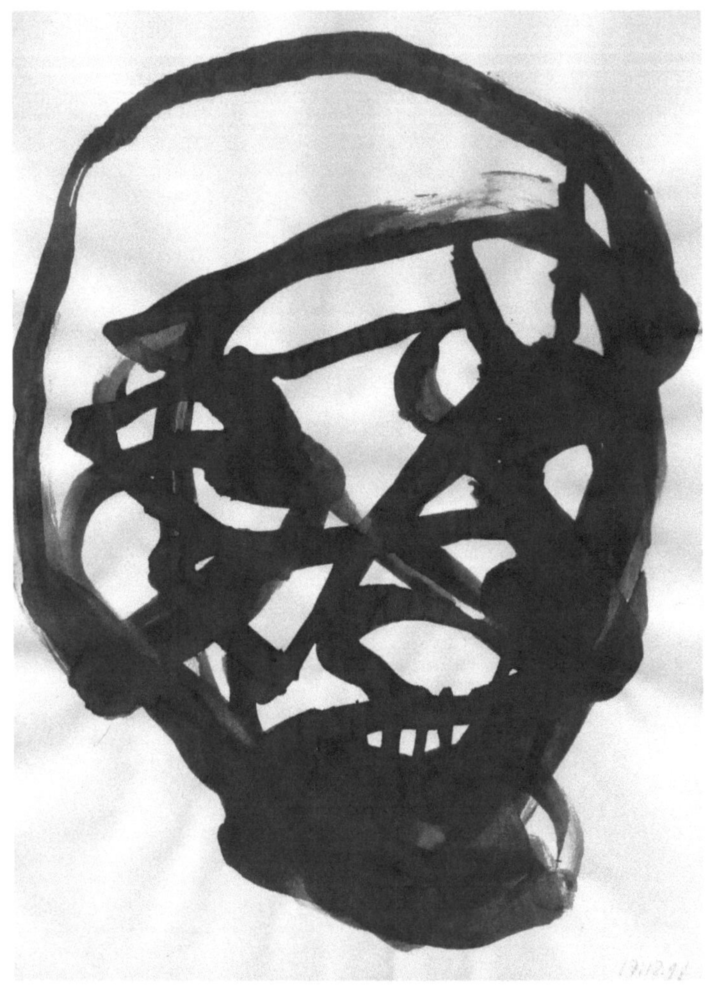

Ein 60 Jahre alter Motorradfahrer und seine 59-jährige Ehefrau aus dem Landkreis Waldeck-Frankenberg waren am Freitagvormittag gegen 11 Uhr mit ihrem roten Beiwagenmotorrad der Marke BMW von Imst kommend in einer Motorradgruppe in Richtung Hahntennjoch unterwegs. Als ein 49-jähriger Deutscher aus der Gruppe das Ehepaar überholte, kam es zur Berührung der Fahrzeuge. Das Beiwagenmotorrad des Ehepaars stürzte etwa 15 Meter einen Abhang hinab. Die Frau im Beiwagen starb bei dem Unfall.

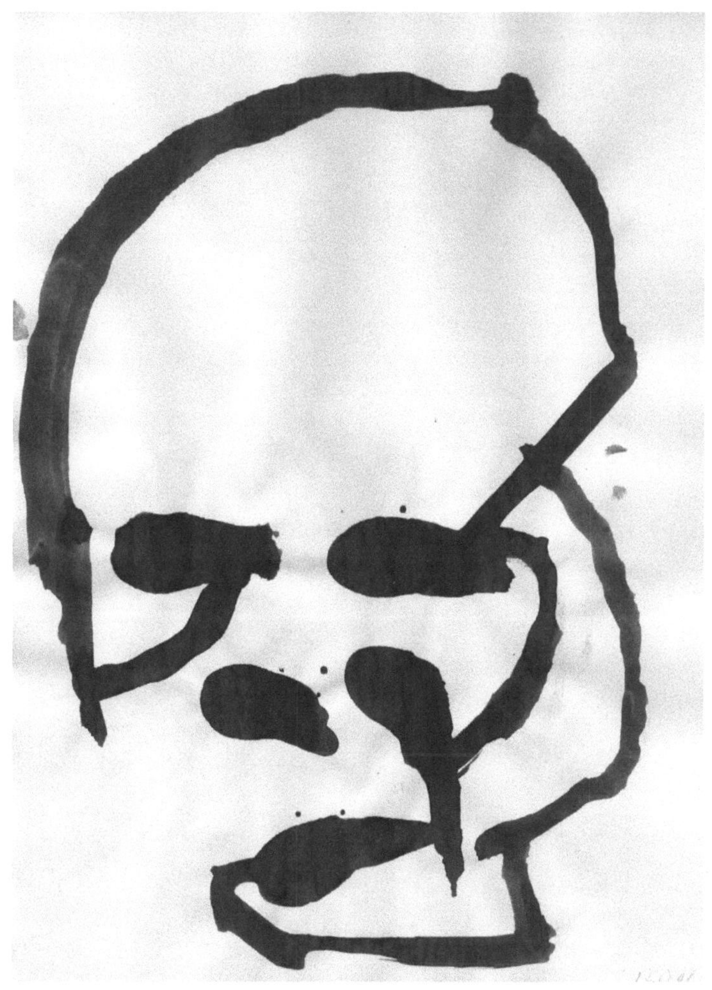

Eine dunkel gekleidete Fußgängerin überquerte am Freitagmorgen die Bahnhofstraße in Bad Arolsen wenige Meter vor einer Fußgängerampel. Sie wurde von einem Auto erfasst und starb noch an der Unfallstelle.

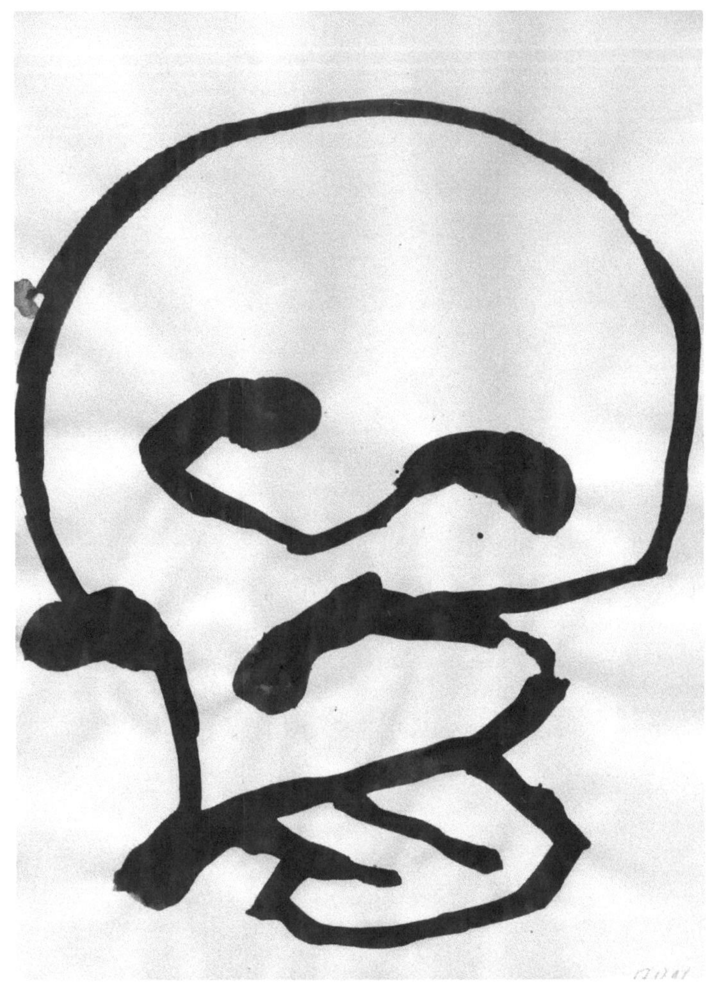

Ein mit vier Personen besetztes Auto kam am Freitagabend gegen 20 Uhr auf der Staatsstraße 2024 von Wettenhausen in Richtung Ettenbeuren in einer Linkskurve nach rechts von der feuchten Fahrbahn ab, überschlug sich mehrfach und schleuderte mit dem Heck gegen einen Baum. Eine 29-jährige Frau verstarb noch an der Unfallstelle.

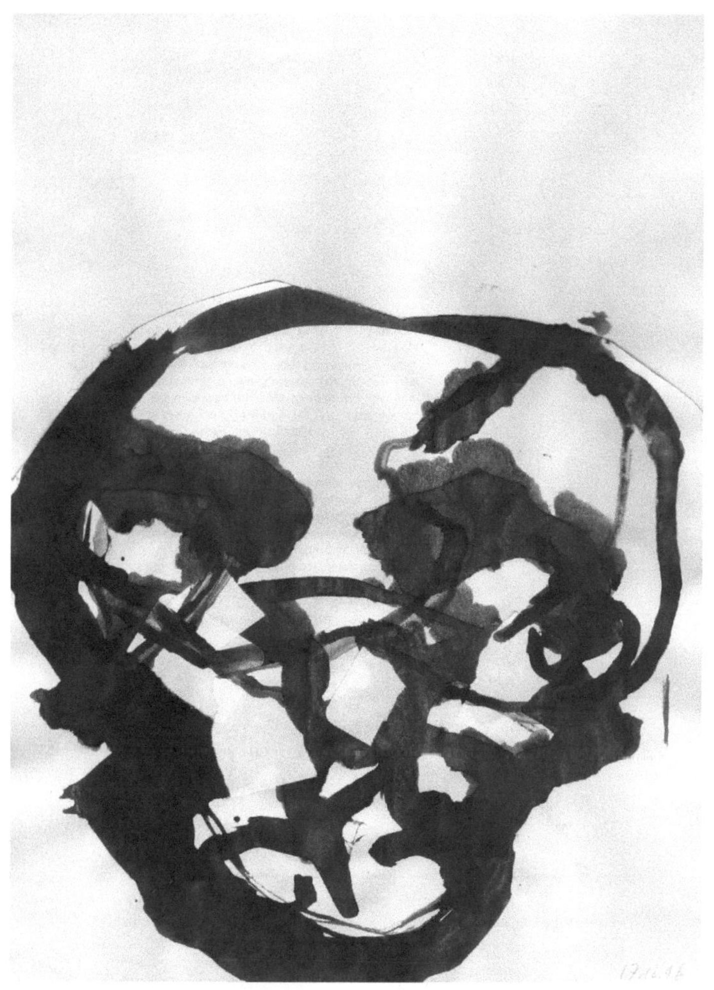

Ein 64-jähriger Fahrer eines Audi verlor am Dienstag um
12.30 Uhr auf der Staatsstraße 268 zwischen Crottendorf
und Scheibenberg in Höhe des Gewerbegebietes Crottendorf
die Kontrolle über das Auto, prallte gegen einen Baum und
kam quer zur Fahrbahn zum Stehen. Ein 18 Jahre alter Fahrer
eines VW Golf fuhr in den auf der Fahrbahn stehenden Audi.
Der 64-jährige Audifahrer starb noch an der Unfallstelle.

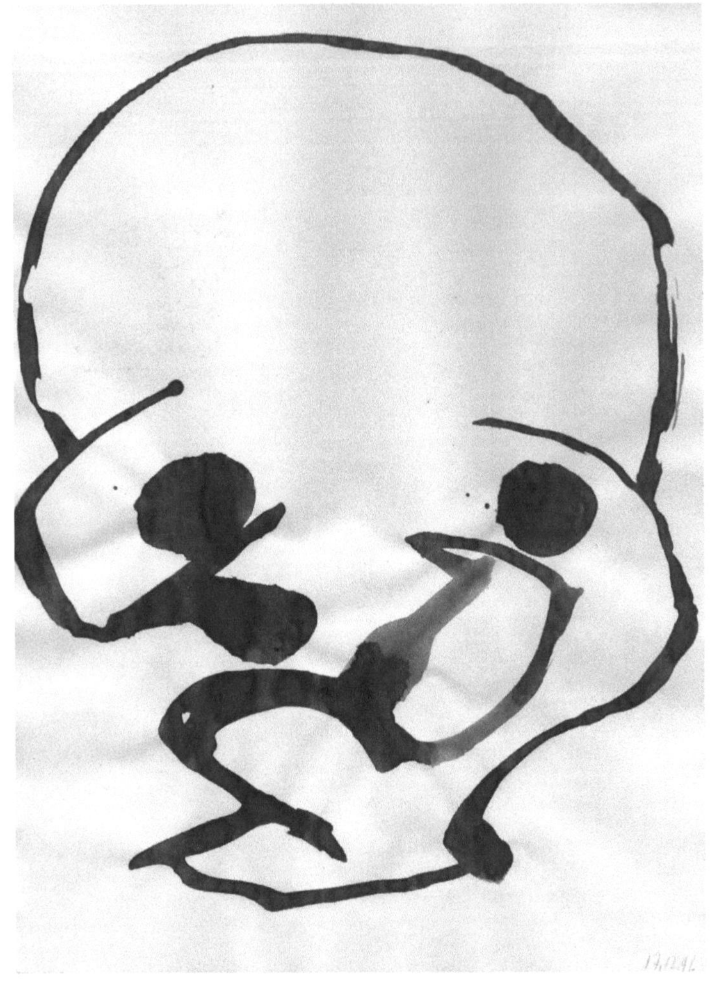

Eine 19-Jährige Frau aus Sankt Augustin kam am Sonntagnachmittag mit ihrem Smart Cabrio auf der Landesstraße L189 von Much in Richtung Neunkirchen-Seelscheid von der Fahrbahn ab und prallte mit der Fahrerseite gegen einen Baum. Sie war auf der Stelle tot.

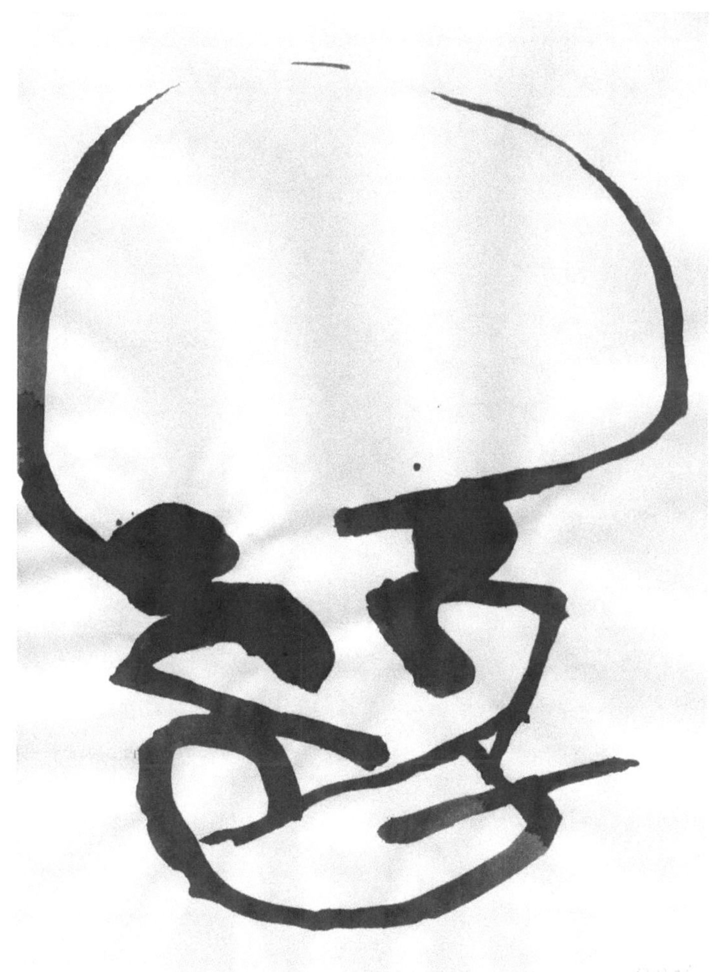

Ein Mann aus Kirchlengern kam am Dienstagnachmittag mit seinem Kia auf der Lübbecker Straße in Richtung Kirchlengern-Ortskern in Höhe „Möbel Heinrich" mit seinem Pkw nach links von der Fahrbahn ab und stieß gegen eine Grundstücksmauer. Der 50-Jährige starb noch an der Unfallstelle.

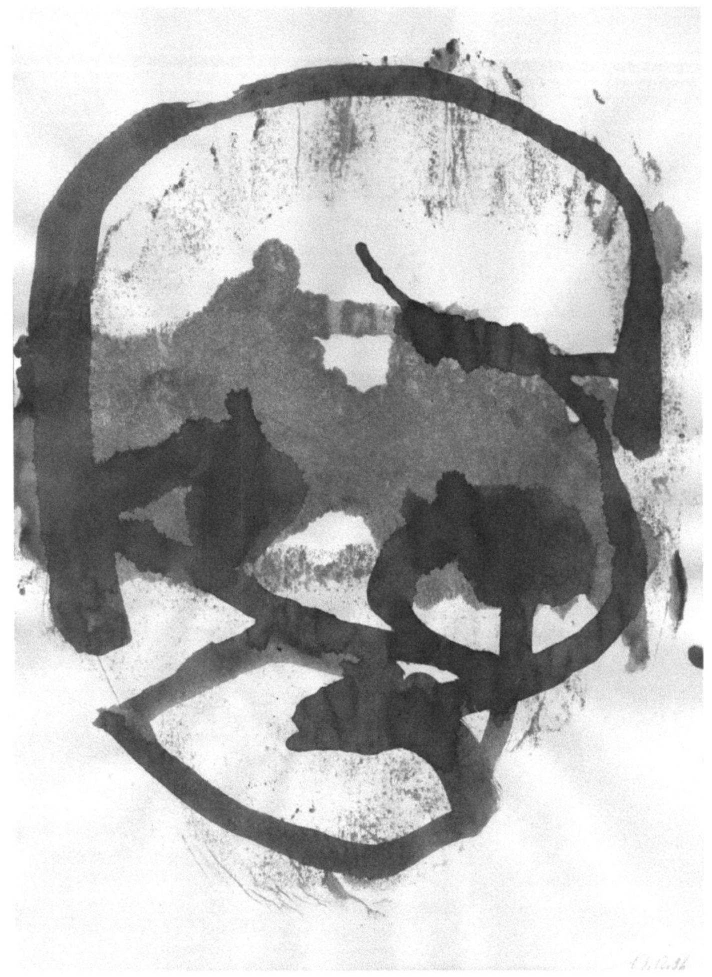

Ein Peugeot 206 schlitterte in der Nacht zum Donnerstag im Kreis Ludwigslust (Mecklenburg-Vorpommern) von der Straße und krachte gegen einen Baum. Ein 18-jähriger und ein 19-jähriger Mann starben noch an der Unfallstelle.

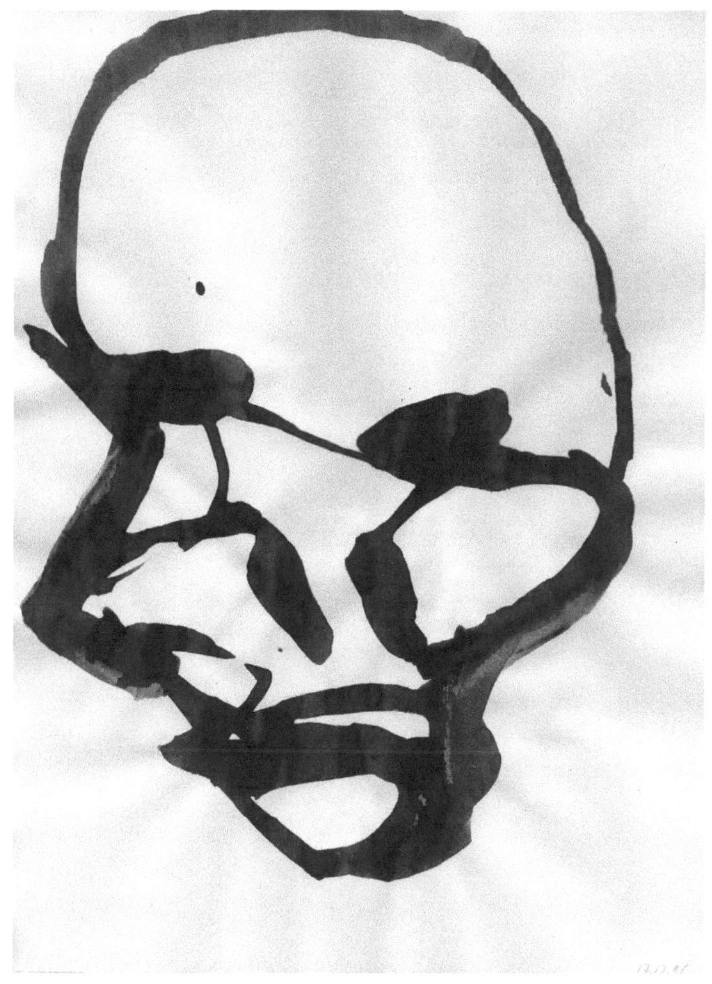

Eine 26-jährige Murnauerin erfasste am Montag um 5.10 Uhr auf der B 472 mit ihrem Pkw etwa 200 Meter nach dem Ortsende Hohenpeißenberg einen Fußgänger, der auf der Fahrbahn unterwegs war. Der 21-jähriger aus dem Altlandkreis Weilheim starb noch an der Unfallstelle.

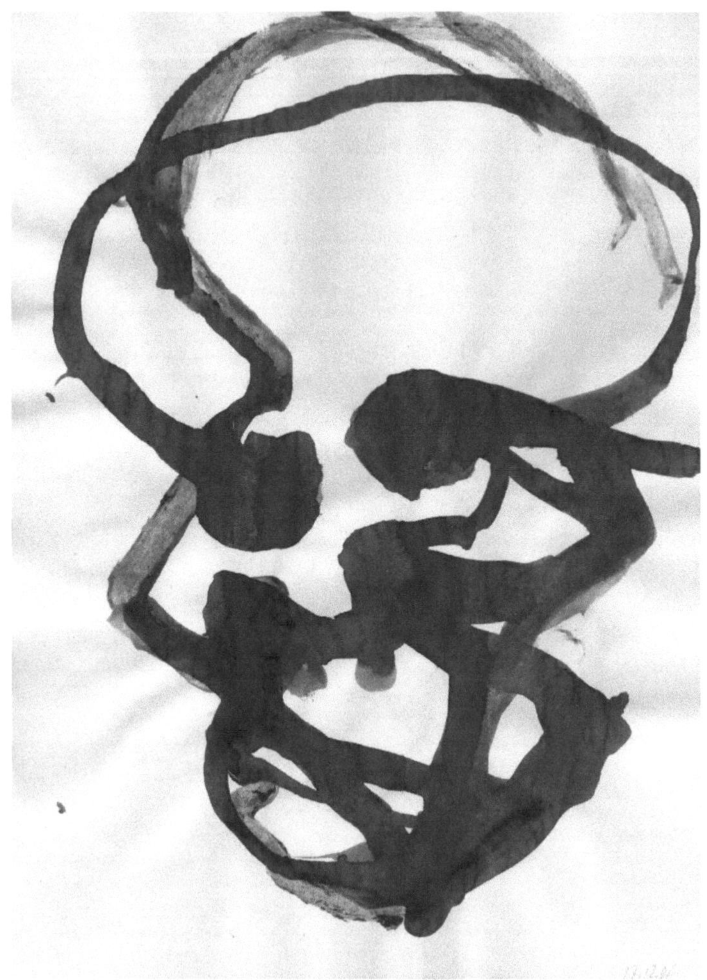

Ein 21 Jahre alter Motorradfahrer aus einem Korbacher Ortsteil verlor am Dienstagnachmittag auf der B 252 bei Herzhausen die Kontrolle über seine Yamaha, wurde aus einer Kurve getragen und schleuderte unter der Leitplanke hindurch. Er erlag noch an der Unfallstelle seinen schweren Verletzungen.

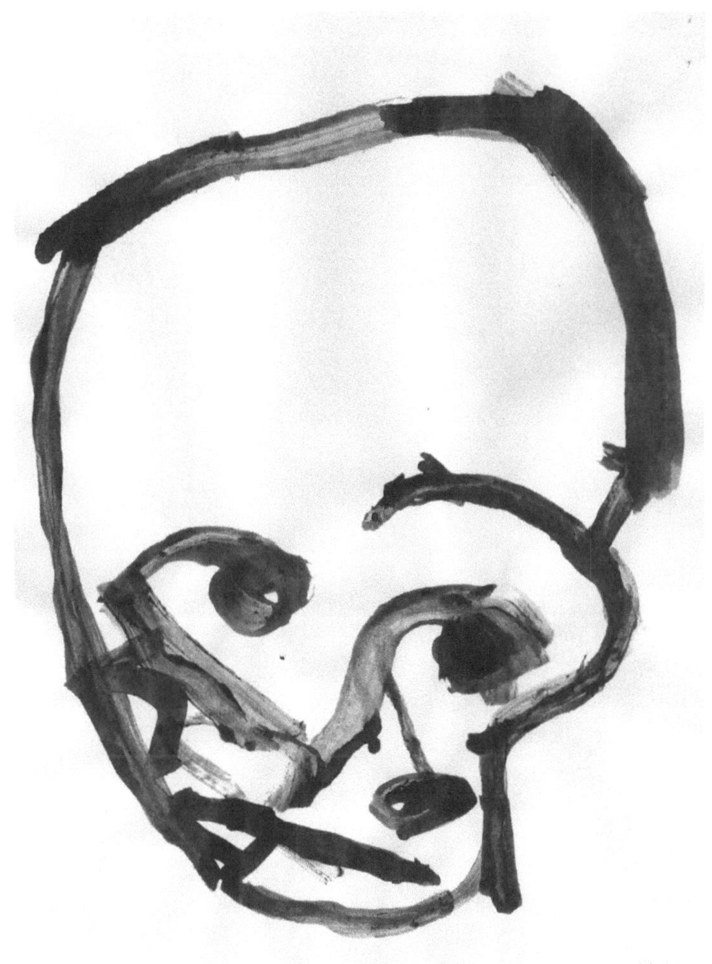

Ein VW Golf fuhr am frühen Neujahrsmorgen um kurz vor
5.30 Uhr mit hohem Tempo auf teils glatter Straße von
Sachsenberg in Richtung Ober-Orke. Auf einem geraden
Stück der Landesstraße 3084 kam er nach rechts von der
Fahrbahn ab und fuhr frontal gegen einen Baum. Das Fahrzeug ging in Flammen auf. Der Fahrer wurde beim Aufprall
im Auto eingeklemmt und verbrannte.

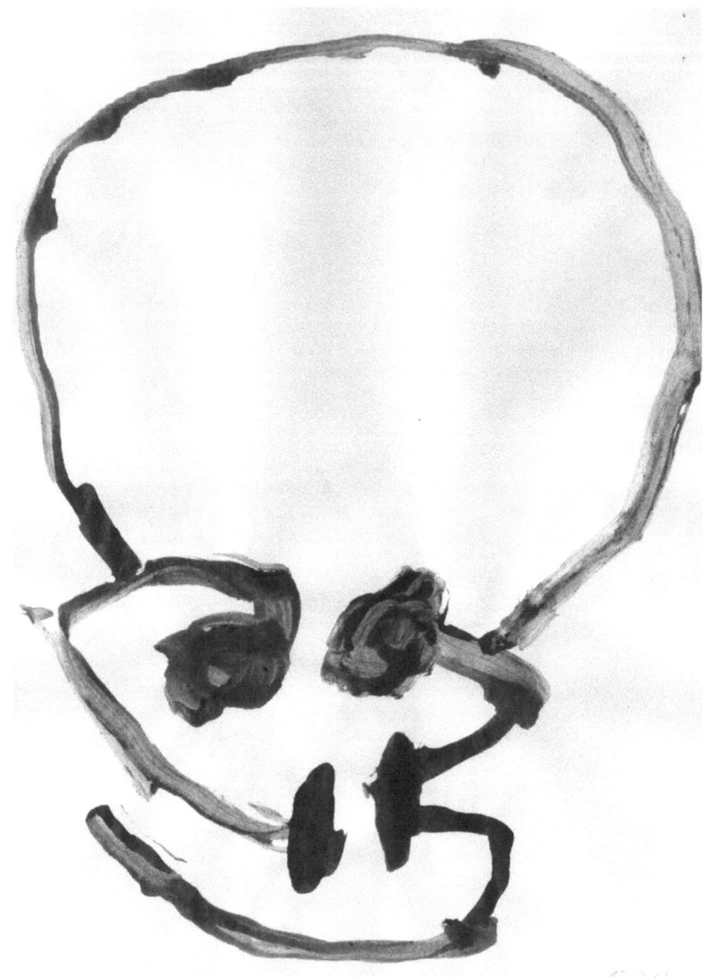

Ein 20-jähriger Alfa-Romeo-Fahrer war am Donnerstag um
6.05 Uhr auf der Bundesstraße 253 aus Richtung Batten-
berg-Laisa kommend in Richtung Frankenberg unterwegs.
Zwischen den Abzweigen nach Münchhausen und Bromskirchen kam er ins Schleudern, überfuhr den Grünstreifen
und prallte frontal gegen eine Birke. Der Aufprall war so
heftig, dass das Fahrzeug in zwei Teile gerissen wurde. Der
Fahrer erlag noch an der Unfallstelle seinen schweren Verletzungen.

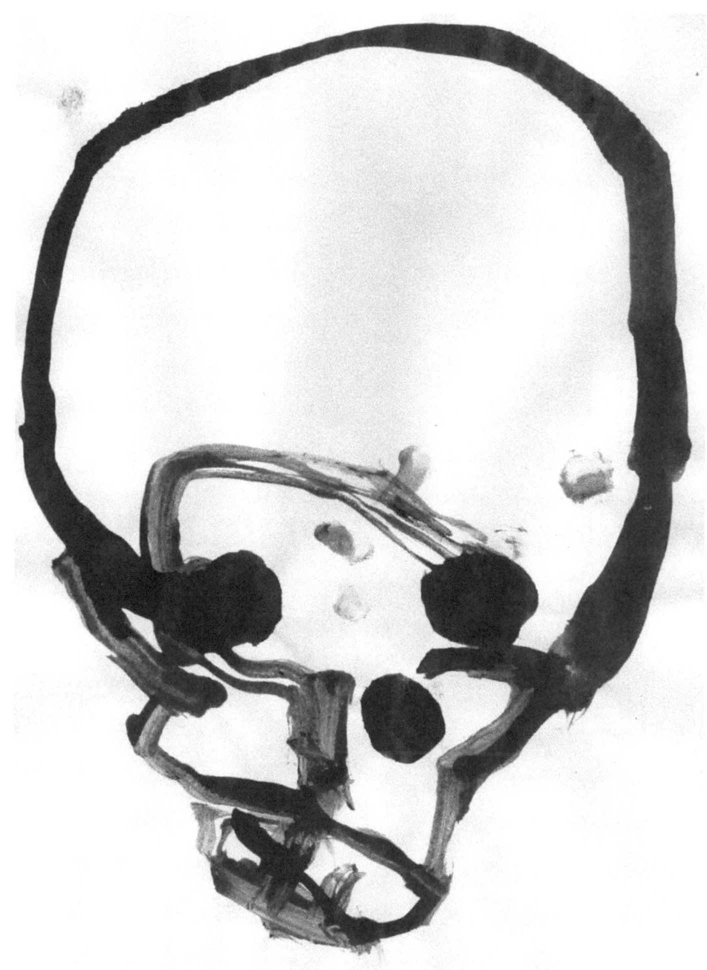

Ein 20-Jähriger aus dem Warburger Stadtteil Rimbeck war am Donnerstag um 1.25 Uhr mit seinem Peugeot auf der Bundesstraße 68 aus Lichtenau-Kleinenberg kommend in Fahrtrichtung Scherfede unterwegs. Der Peugeot kam ins Schleudern, überschlug sich und prallte gegen einen Baum. Der junge Fahrer wurde aus dem Fahrzeug geschleudert und erlag seinen Verletzungen.

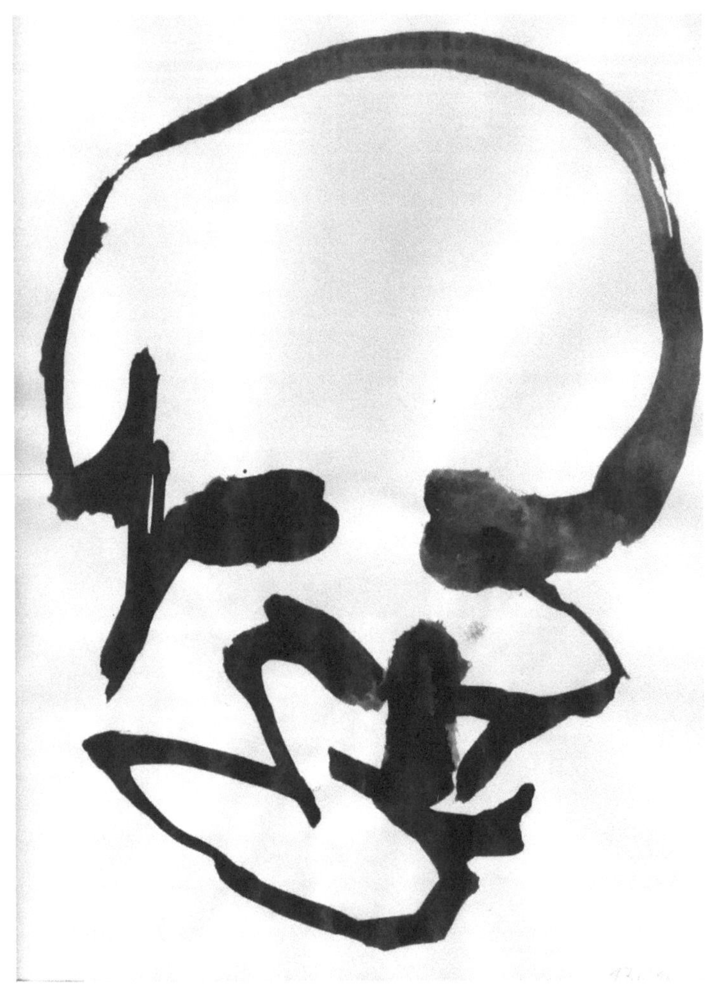

Ein 21-Jähriger war am frühen Freitagmorgen auf der L 531 aus Richtung Würgendorf kommend in Fahrtrichtung Burbach auf dem Weg zur Arbeit. Gegen 5.55 Uhr kam er von seiner Fahrspur ab, geriet in den Gegenverkehr und kollidierte mit einem entgegenkommenden Kleinlaster aus dem Westerwaldkreis. Er wurde im Fahrzeugwrack einge-klemmt und starb noch an der Unfallstelle.

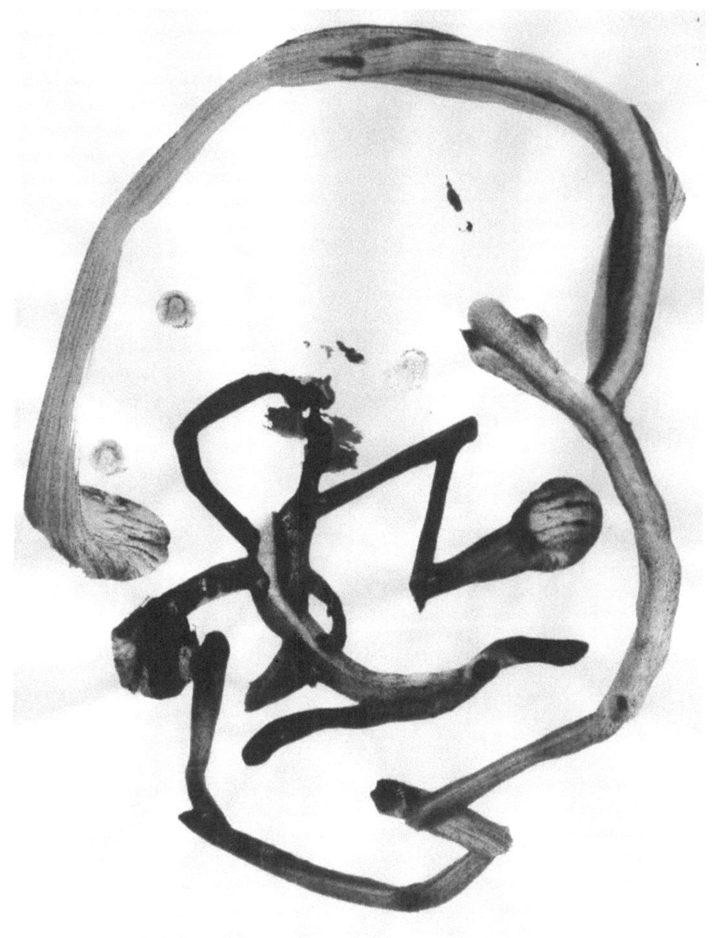

Ein Ehepaar mit drei Kindern fuhr am Freitagabend gegen 19.50 Uhr an der Anschlussstelle Wabern auf die A 49 in Richtung Kassel, überquerte die zwei Hauptfahrspuren und prallte in die Mittelschutzplanke. Ein 27-jähriger Pkw-Fahrer aus Berlin konnte nicht mehr ausweichen und fuhr frontal in das quer stehende Fahrzeug der Familie. Dabei starben der 36-jährige Familienvater aus Delbrück in Nordrhein-Westfalen und seine 32-jährige Ehefrau.

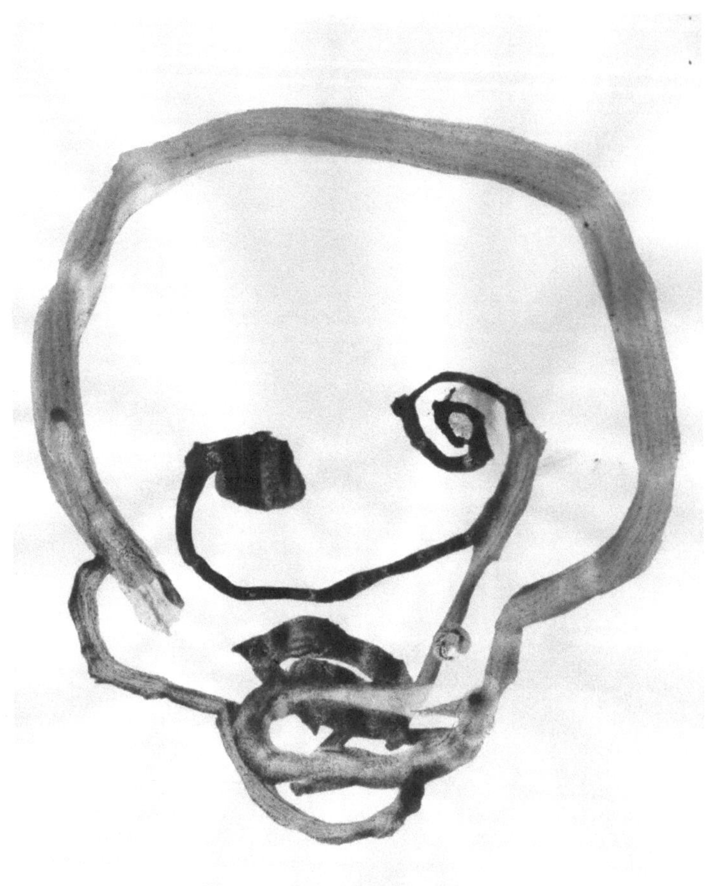

Eine 47 Jahre alte Autofahrerin aus Bad Berleburg befuhr am Freitag gegen 14.30 Uhr in Begleitung ihrer 17-jährigen Tochter die B 252 aus Richtung Diemelstadt kommend in Richtung Korbach. In einer leichten Rechtskurve kam ihr Passat über die Fahrbahnmitte hinaus und prallte frontal gegen einen entgegenkommenden Lastwagen. Die Autofahrerin wurde in ihrem Passat Kombi eingeklemmt und tödlich verletzt.

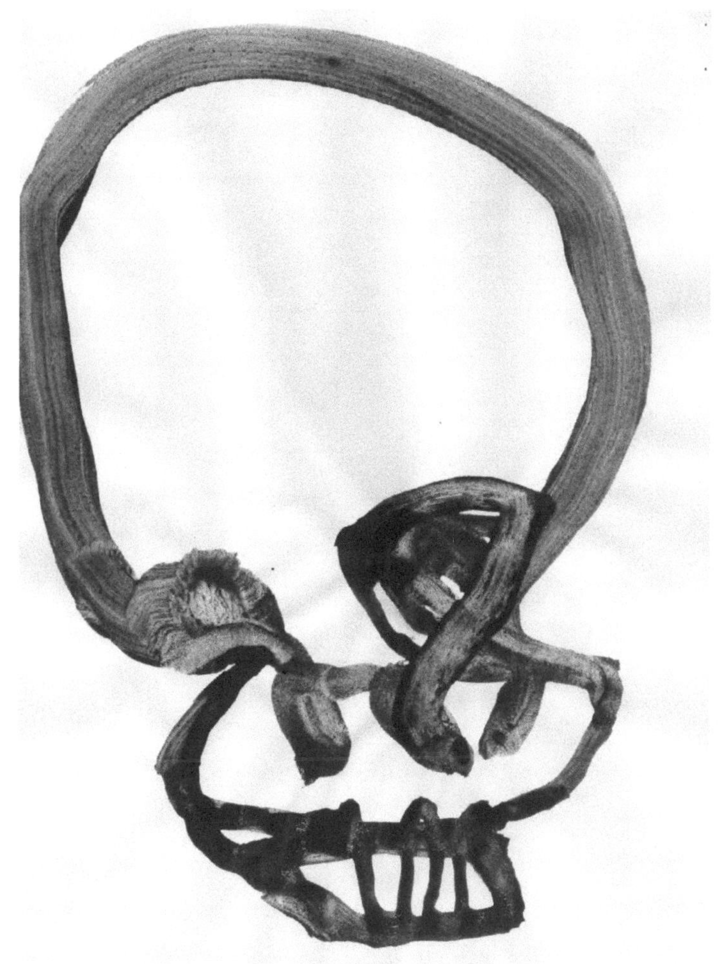

Eine 18-jährige Fahranfängerin aus Malsfeld geriet am frühen
Montagnachmittag gegen 13.30 Uhr auf der Landesstraße
3225 zwischen Knüllwald-Niederbeisheim und Morschen-
Wichte mit ihrem VW Polo in einer Rechtskurve in den Gegenverkehr. Dort stieß der Kleinwagen frontal mit dem Audi
eines Ehepaares aus Alheim im Kreis Hersfeld-Rotenburg
zusammen. Die 60-jährige Audifahrerin wurde im Fahrzeug
eingeklemmt und starb an der Unfallstelle.

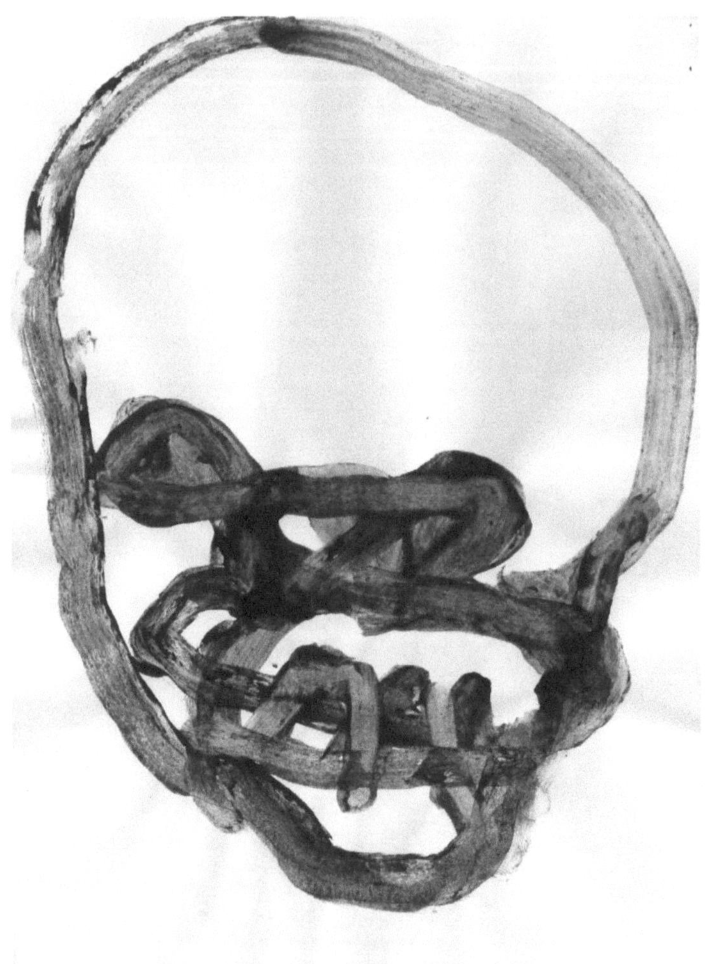

Ein Geisterfahrer fuhr am späten Freitagabend die Hüttental-
straße auf der Richtungsfahrbahn Siegen in Richtung Kreuztal. Etwa einen Kilometer hinter der Anschlussstelle kam es
zu einem Frontalzusammenstoß dreier Fahrzeuge, als zwei
Fahrzeuge von Kreuztal in Richtung Siegen entgegen kamen.
Ein Fahrzeug aus Richtung Kreuztal wurde durch die Wucht
des Zusammenpralls über die Mittelleitplanke auf die Gegenfahrspur katapultiert, überschlug sich dabei und blieb auf der
Seite liegen. Der Fahrer starb noch an der Unfallstelle.

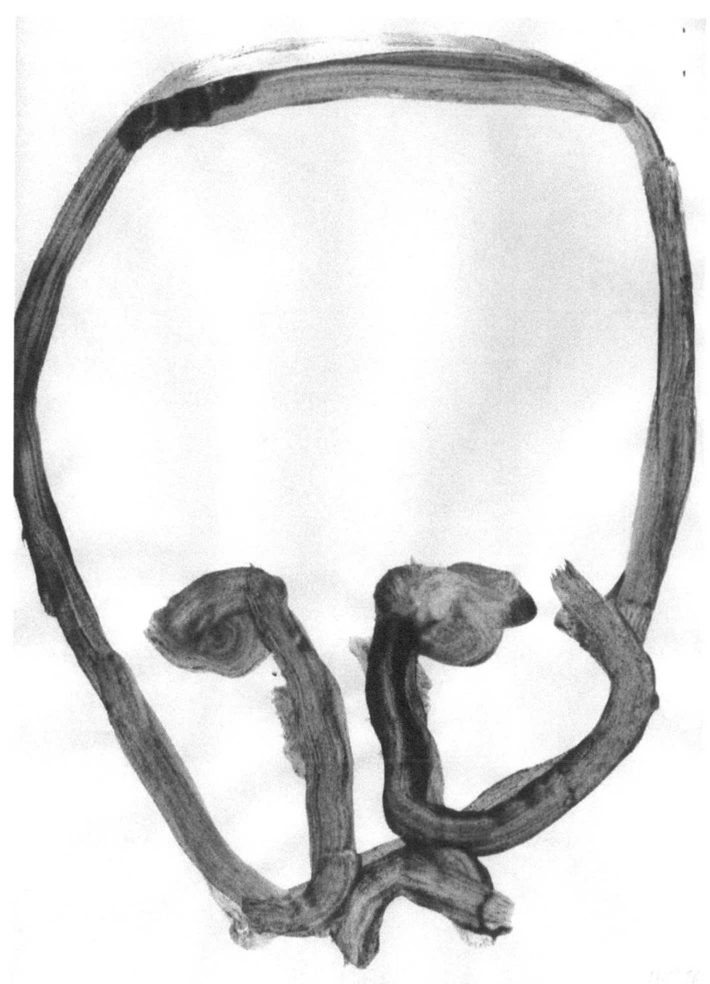

Ein 23-jähriger Autofahrer aus Brilon verlor am Donnerstagmorgen auf der Landesstraße 743 in einer Rechtskurve zwischen den Olsberger Ortsteilen Elleringhausen und Gierskopp die Kontrolle über seinen Wagen. Er schleuderte über die Fahrbahn auf die Gegenfahrspur und prallte mit der Beifahrerseite gegen einen Kleinlaster des Landesbetriebs StraßenNRW. Das Auto überschlug sich, der junge Mann aus Brilon wurde in seinem Wagen eingeklemmt und starb noch am Unfallort.

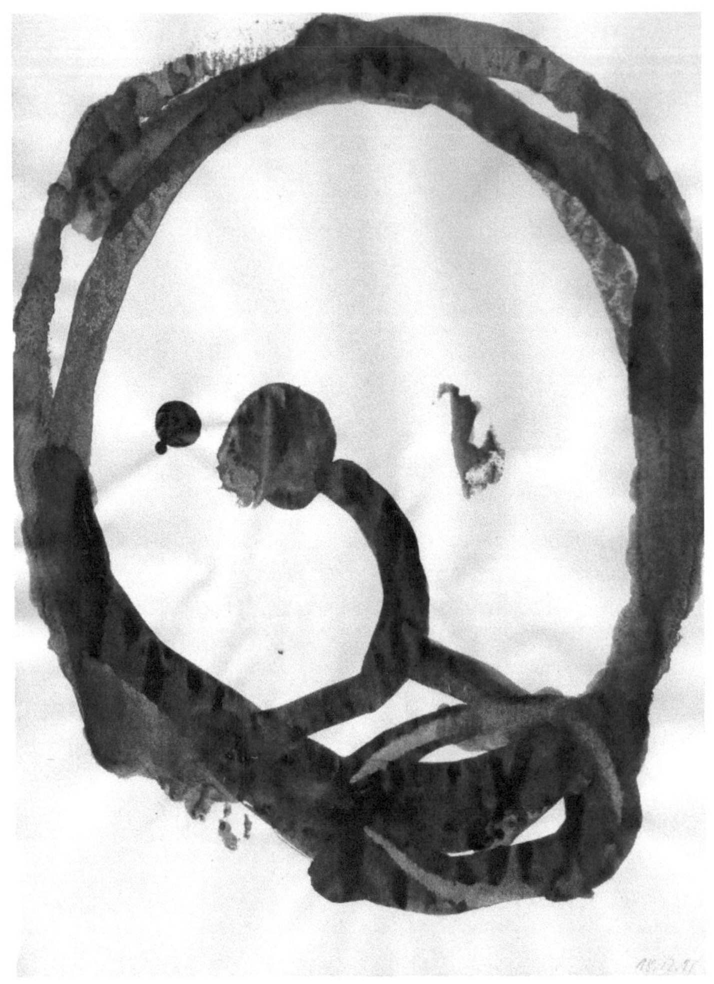

Ein 25-jähriger Mann aus Kassel war am Dienstagabend
gegen 20.45 Uhr auf der Autobahn 7 in Fahrtrichtung Nord
unterwegs. Kurz nach der Anschlussstelle Kassel-Ost verlor
er die Kontrolle über seinen Wagen und prallte in die Mittelleitplanke. Dabei wurde der 25-Jährige aus seinem Fahrzeug
auf die Fahrbahn geschleudert, vom nachfolgenden Wagen
einer 28-Jährigen überrollt und tödlich verletzt.

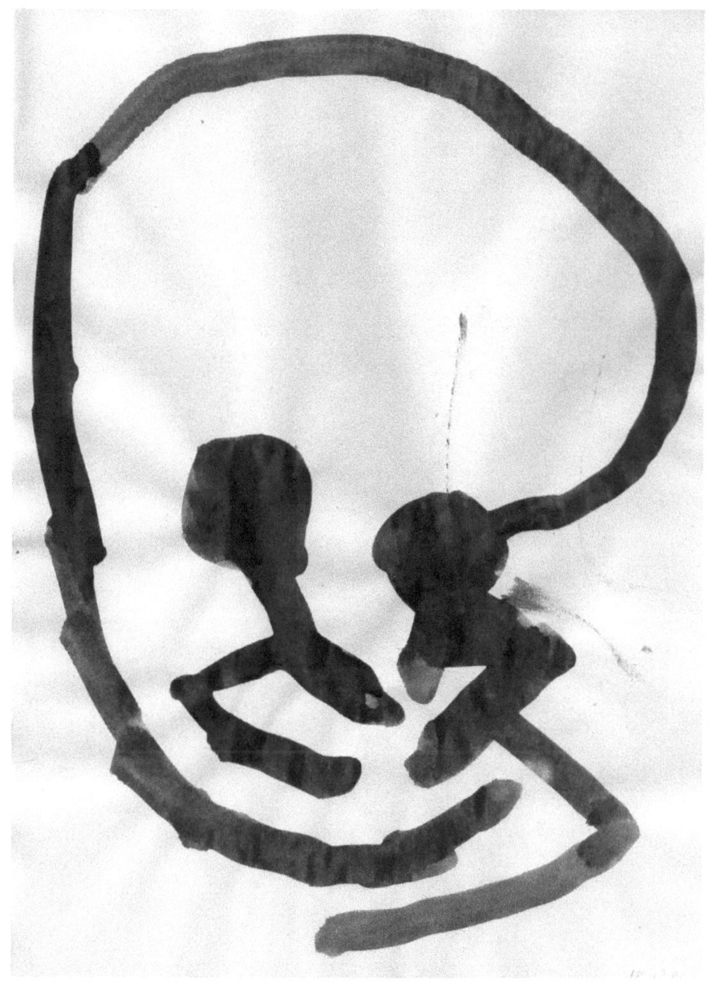

Ein 38-jähriger Mann aus Bad Zwesten war am Samstag gegen 21.55 Uhr von Bad Zwesten in Richtung Borken unterwegs. Auf der Kreisstraße 73 zwischen den Ortschaften Arnsbach und Kerstenhausen geriet der Mann ausgangs einer leichten Rechtskurve auf eisglatter Fahrbahn ins Schleudern, prallte seitlich gegen einen Baum und verletzte sich tödlich.

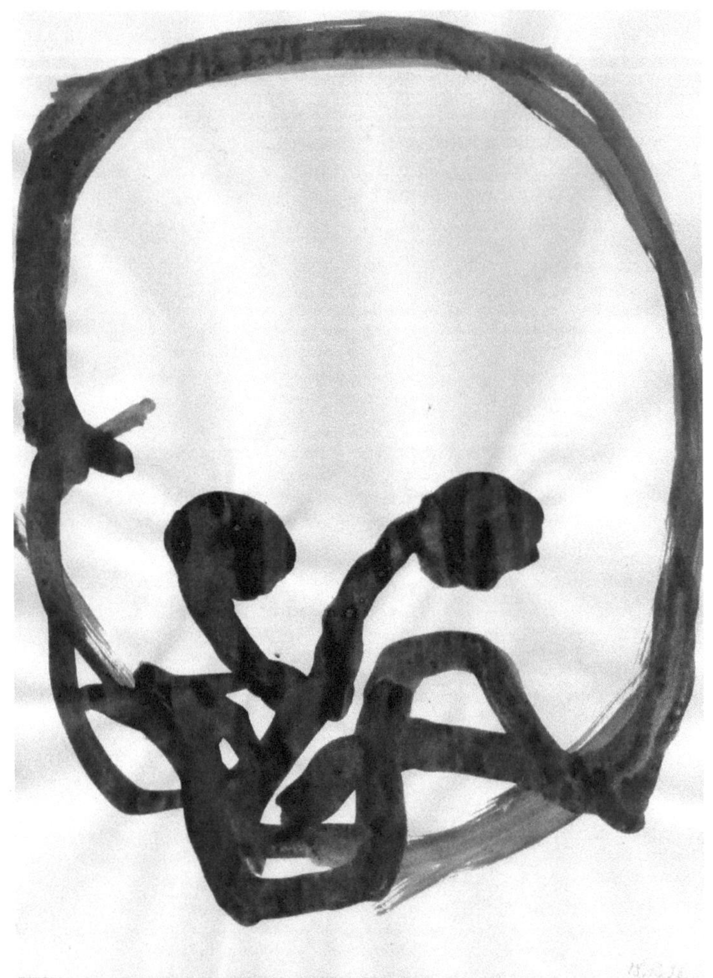

Ein 19-jähriger Niederländer war Beifahrer in einem VW
Polo, der am Donnerstag gegen 15 Uhr von Usseln kommend
in Richtung Medebach unterwegs war. In einer Linkskurve
geriet der Polo nach rechts auf die Bankette. Beim Versuch,
das Auto wieder auf die Straße zurückzubringen, verlor der
Fahrer die Kontrolle über den Polo, geriet ins Schleudern
und prallte quer mit der Beifahrerseite in einen entgegenkommenden Reisebus. Der 19-Jährige auf dem Beifahrersitz war
sofort tot.

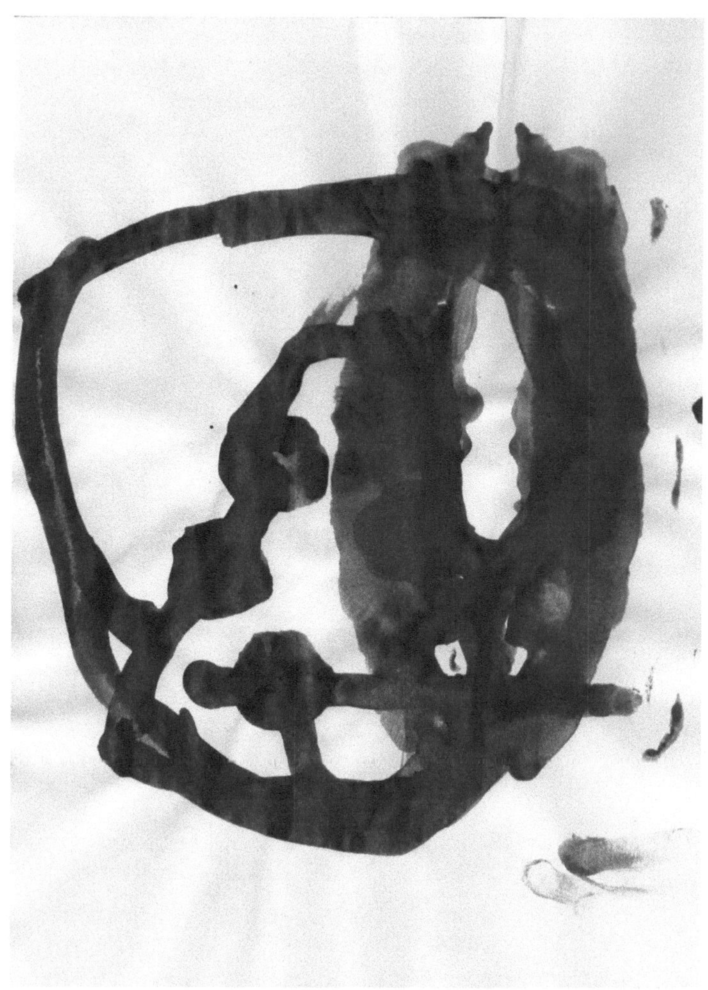

Eine 41-jährige Frau aus Ottrau geriet am Montag gegen
9.30 Uhr auf der Bundesstraße 454 zwischen Schwalm-
stadt-Trutzhain und Neukirchen-Riebelsdorf in Richtung
Schwalmstadt auf die Gegenfahrbahn und stieß frontal mit
einem entgegenkommenden Auto zusammen. Der 84-jährige
Fahrzeuglenker des entgegenkommenden Autos erlitt tödliche Verletzungen und verstarb noch an der Unfallstelle.

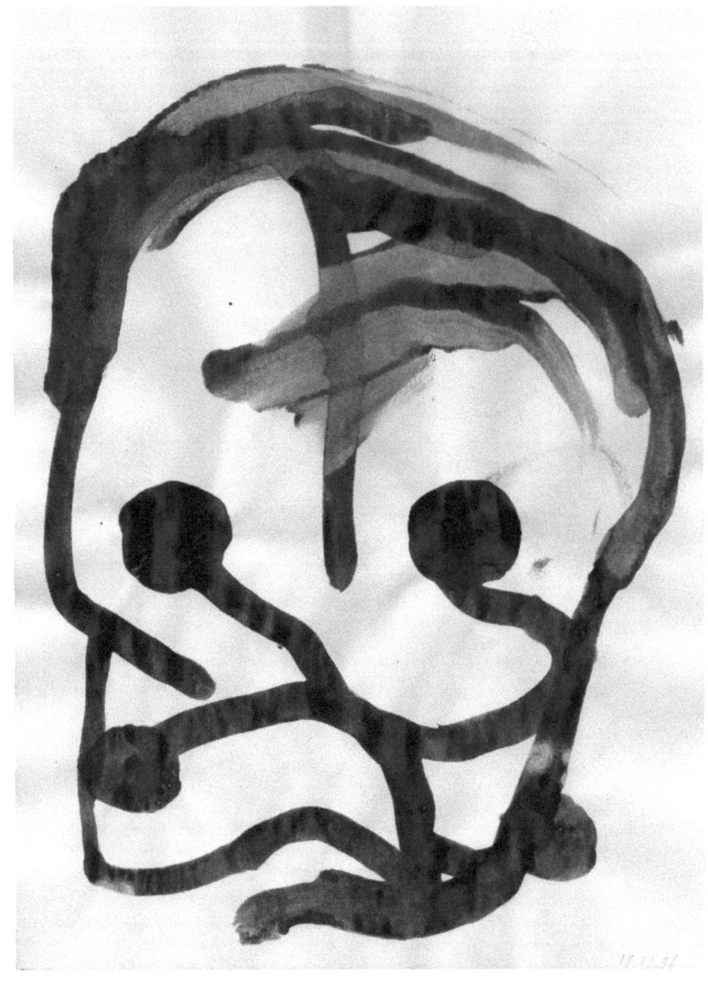

Ein 61-Jähriger aus Düren war am Donnerstag mit seinem Peugeot 306 Cabriolet von Frankenberg kommend in Richtung Löhlbach unterwegs. In einer langgezogenen Rechtskurve kam er am Waldrand auf die Gegenfahrbahn und stieß dabei frontal mit einem entgegenkommenden weißen Audi Cabriolet eines 52-jährigen Wiesbadenes zusammen. Der Dürener starb noch an der Unfallstelle.

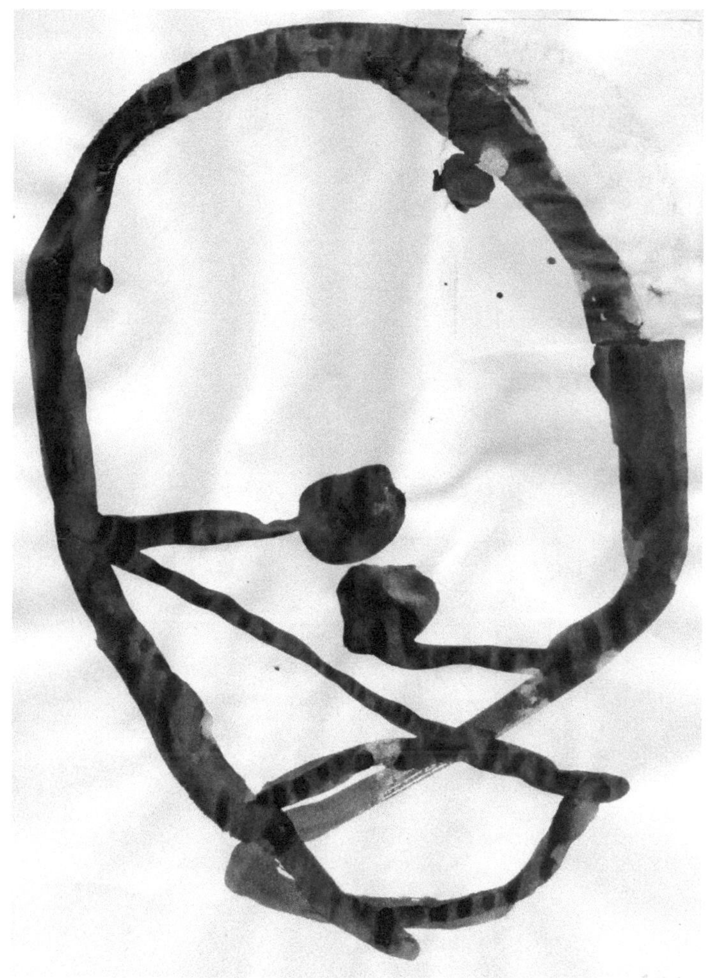

Der Fahrer eines Sattelzuges fuhr am Mittwochabend gegen 20 Uhr zwischen den Anschlussstellen Zierenberg und Kassel-Wilhelmshöhe in Fahrtrichtung Kassel auf ein vor ihm langsamer fahrendes Auto auf. Der nachfolgende 41-jährige Fahrer eines Sattelzuges aus Lemgo prallte mit hoher Geschwindigkeit auf den stehenden Lkw. Der Mann wurde in seiner völlig zerstörten Fahrerkabine eingeklemmt und getötet.

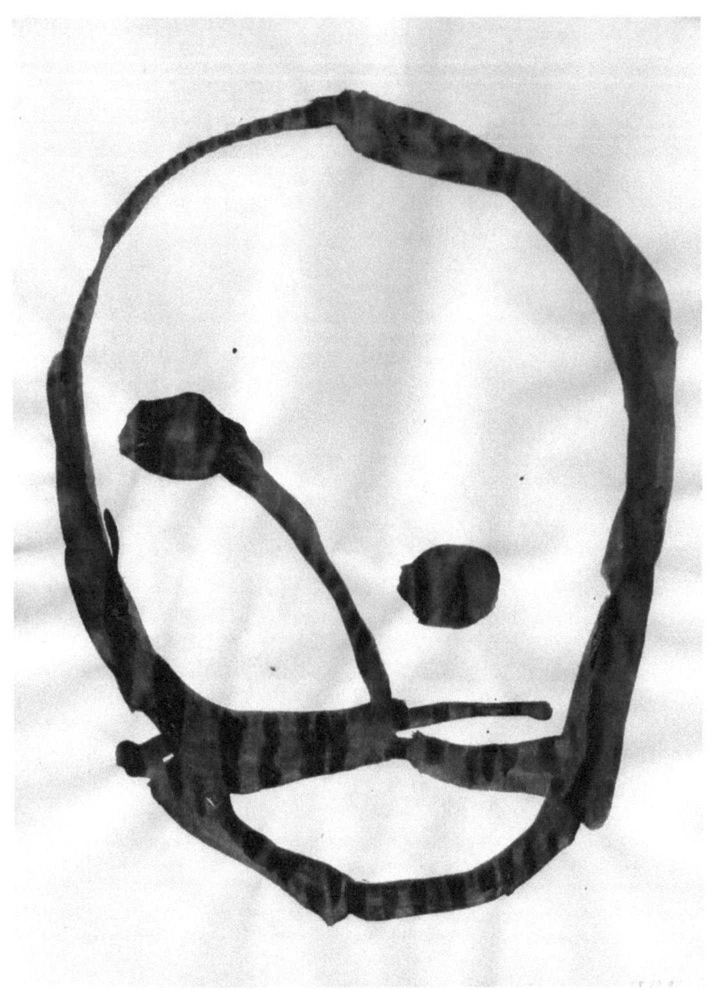

Einer 61-jährigen Autofahrerin aus Arnsberg mit ihrer 88-jährigen Mutter als Beifahrerin wurde es am frühen Donnerstagnachmittag im Arnsberger Ortsteil Holzen schwarz vor Augen. Sie kam ausgangs einer leichten Rechtskurve nach links von der Fahrbahn ab und prallte gegen einen Baum. Die Mutter der Fahrerin starb wenig später in einer Klinik.

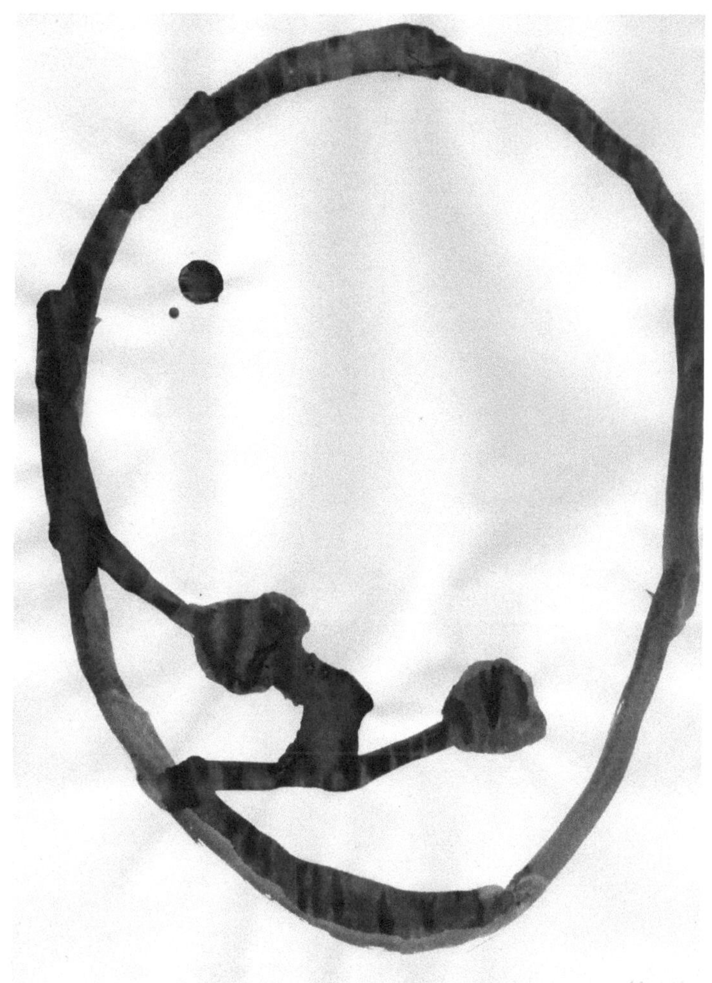

Ein 32-jähriger Autofahrer aus Wolfhagen war am Freitag gegen 15 Uhr mit seinem Wagen auf der Kreisstraße 107 von Altenstädt kommend in Richtung Bründersen unterwegs. In einer leichten Linkskurve drehte sich sein Wagen auf regennasser Fahrbahn und kam nach links von der Fahrbahn ab. Das Auto prallte mit der rechten Seite gegen einen Baum. Der Mann war sofort tot.

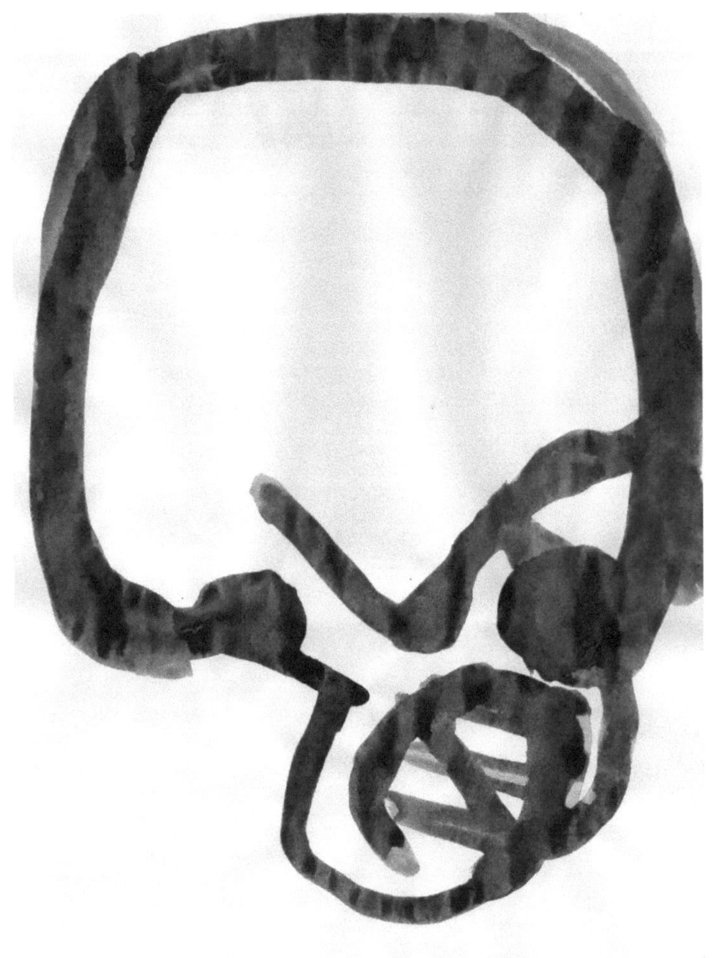

Eine 29 Jahre alte Frau aus einem Wildunger Ortsteil fuhr am Morgen gegen 8.10 Uhr aus Richtung Wellen kommend in Richtung Bergheim. In derselben Richtung waren ein Lkw, ein Auto sowie ein Kleintransporter in dieser Reihenfolge unterwegs. Die Audifahrerin verlor beim Überholmanöver die Kontrolle über ihren Wagen, kam zunächst nach links auf die Bankette und schleuderte dann vor dem Lkw nach rechts, kam von der Straße ab und prallte seitlich mit der Fahrerseite gegen einen Baum. Die Frau war sofort tot.

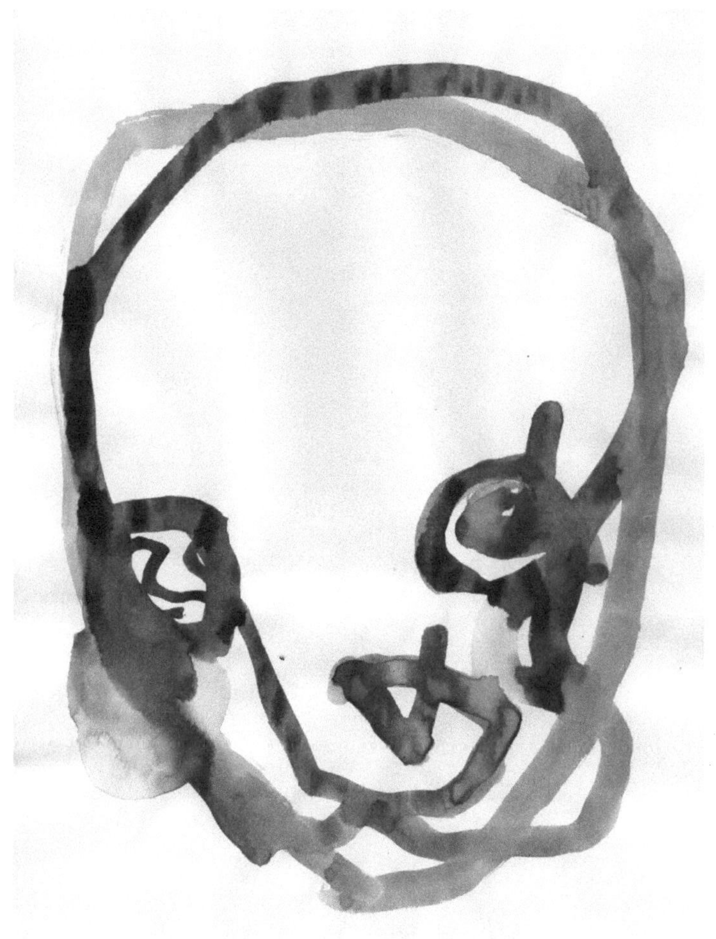

Ein 19-jähriger Mann aus Olsberg befuhr am Freitag gegen 2.40 Uhr die Landesstraße 743 aus Richtung Brilon-Wald kommend in Richtung Olsberg-Bruchhausen. Am Ende einer langen geraden Gefällstrecke kurz vor der Einmündung Richtung Elleringhausen kam er mit dem Wagen nach rechts von der Fahrbahn ab und prallte gegen einen Straßenbaum. Durch die Wucht des Aufpralls wurde der Fahrer aus dem Fahrzeug geschleudert. Die Notärztin konnte nur noch den Tod feststellen.

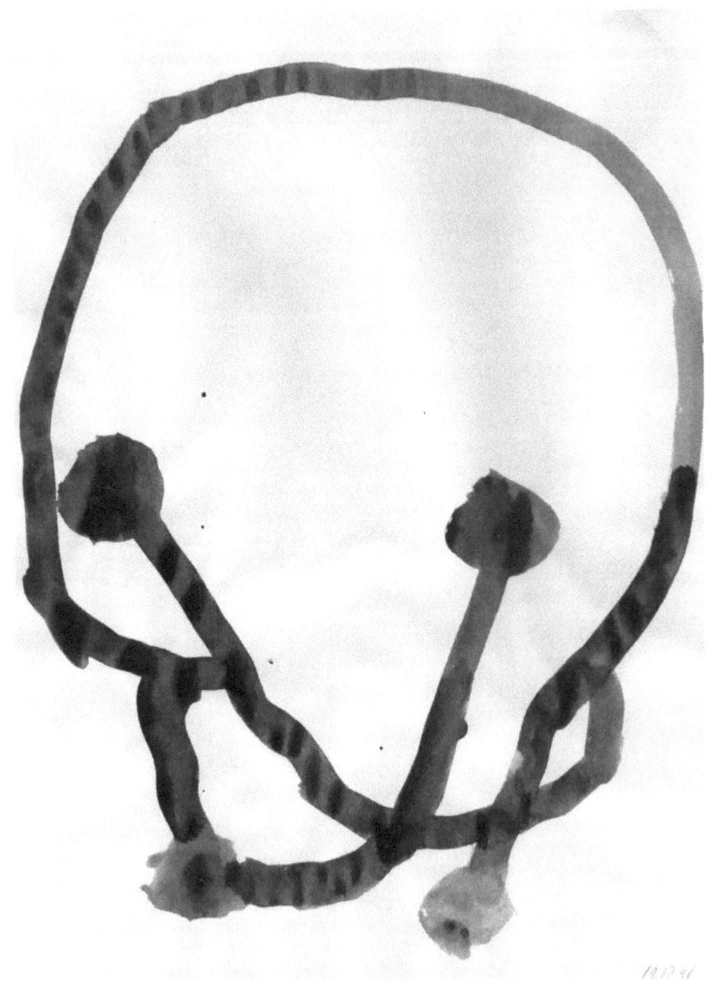

Ein 25-Jähriger befuhr am Montagnachmittag gegen 16.40
Uhr die Bundesstraße 480 von Olsberg in Richtung Assing-
hausen. In Höhe Steinhelle geriet der Autofahrer auf regennasser Fahrbahn in einer Linkskurve ins Schleudern, verlor
die Kontrolle über den Wagen und prallte mit der Fahrerseite
gegen die Front eines entgegenkommenden Lastwagens mit
Anhänger. Er starb noch an der Unfallstelle.

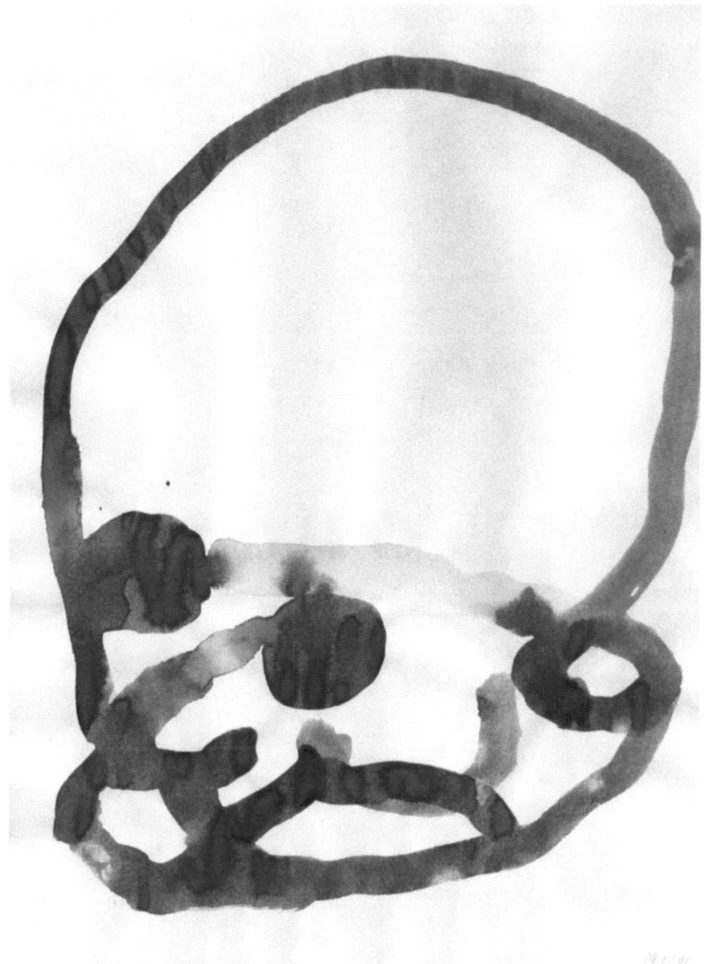

Ein mit drei Männern besetzter Wagen war am frühen Montagmorgen auf der K 37 von Völkershain kommend Richtung Rückersfeld unterwegs. Im Bereich einer Kuppe mit Rechtskurve kam der Wagen nach links von der Fahrbahn ab und stieß frontal gegen einen Baum. Der 27-jährige Fahrer wurde dabei im Fahrzeug eingeklemmt und getötet.

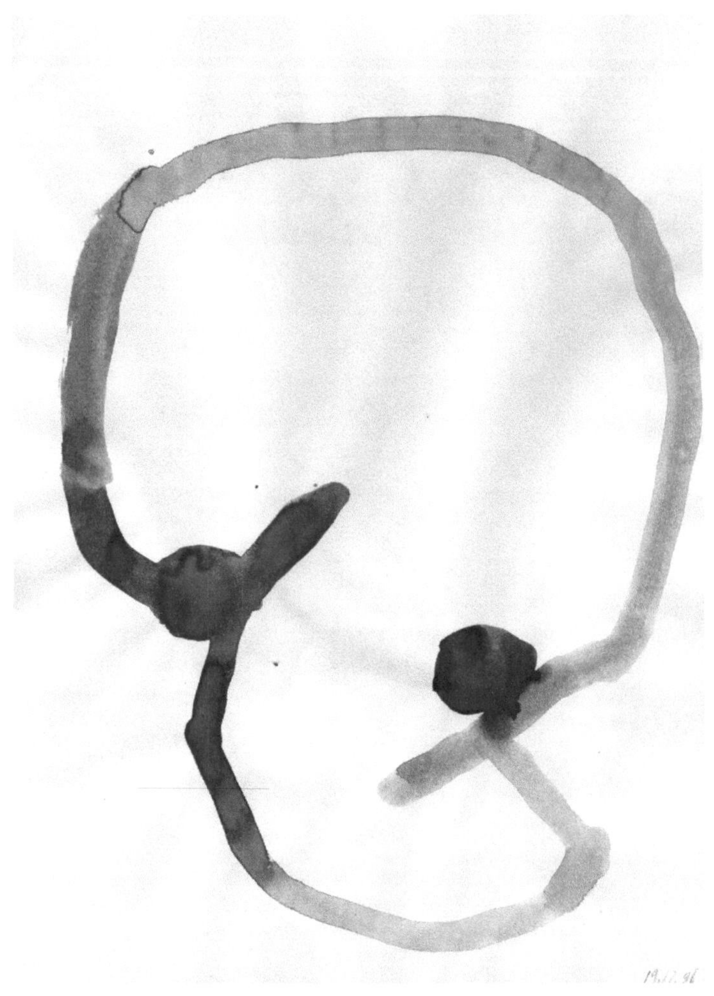

Ein 56 Jahre alter Fahrer eines Sattelzuges aus dem Raum Herzberg/Harz überholte am Freitag gegen 6.30 Uhr auf der A 7 in Fahrtrichtung Kassel einen Lkw. Ein 37-jähriger Fahrer eines T5 mit seiner dänischen Familie an Bord näherte sich von hinten mit hoher Geschwindigkeit und fuhr mit seiner rechten Fahrzeugseite unter den mit 40 Tonnen Altpapier voll beladenen Sattelauflieger. Dabei wurden die 35-jährige Ehefrau auf dem Beifahrersitz des T5 und der fünf Jahre alte Sohn der Familie aus der Nähe von Roskilde tödlich verletzt.

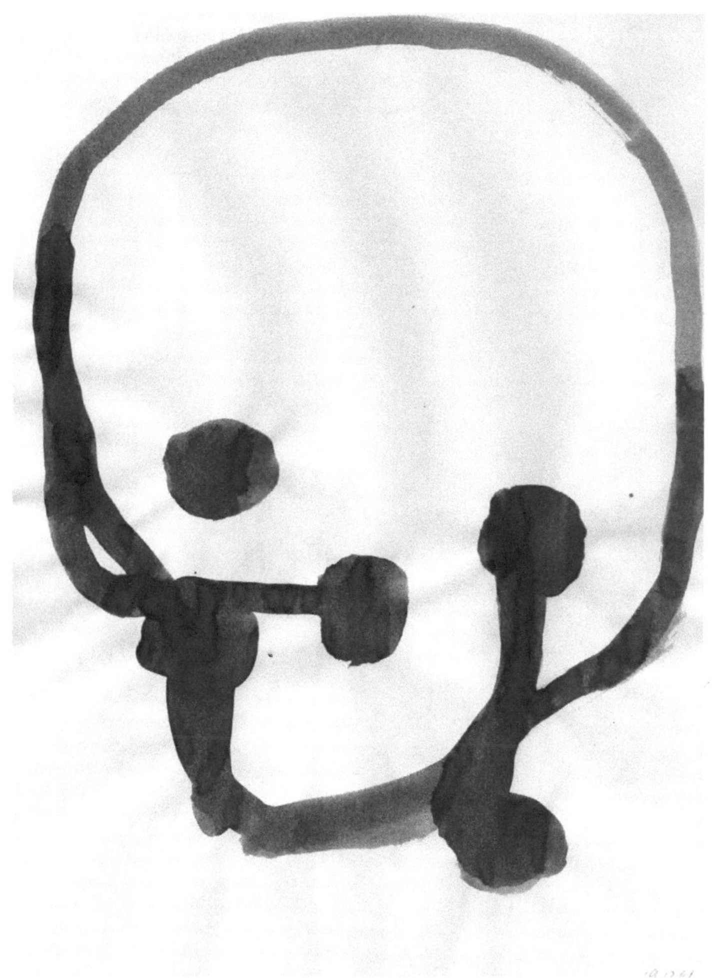

Ein Taxifahrer war am Mittwochabend gegen 18.10 Uhr mit einem Opel Zafira aus Richtung Röddenau kommend in Richtung Korbach unterwegs. In der Gegenrichtung befuhr ein Rentnerehepaar aus dem Kreis Siegen-Wittgenstein die Bundesstraße mit einem Toyota. Beide Autos stießen auf der Spur des Ehepaares ungebremst frontal zusammen. Der 36 Jahre alte Taxifahrer und die 77-jährige Beifahrerin im Toyota waren sofort tot. Der 75 Jahre Toyotafahrer erlag im Rettungswagen seinen Verletzungen.

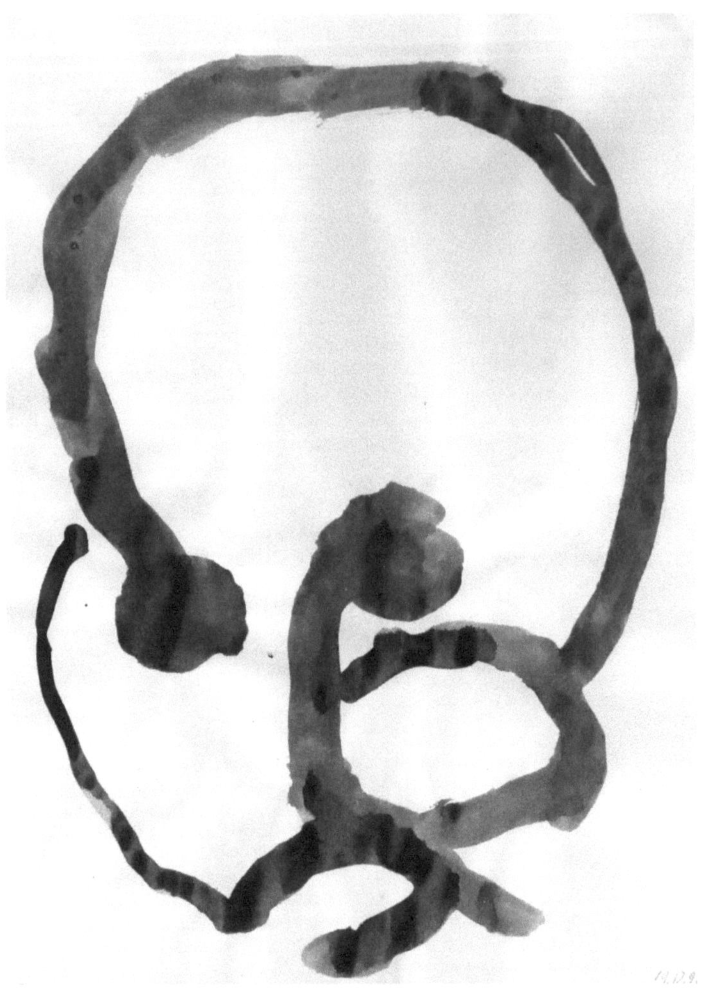

Ein niederländisches Ehepaar war am Mittwochabend mit einem Opel Meriva auf der B 251 von Willingen kommend in Richtung Korbach unterwegs. Zwischen Usseln und dem Abzweig nach Welleringhausen fuhr der 92-jährige Fahrer geradeaus über die Gegenfahrbahn, durch eine Parkbucht und schließlich eine Böschung hinauf. Mit der Beifahrerseite prallte das Auto dann gegen einen Baum. Seine 95 Jahre alte Ehefrau starb noch an der Unfallstelle.

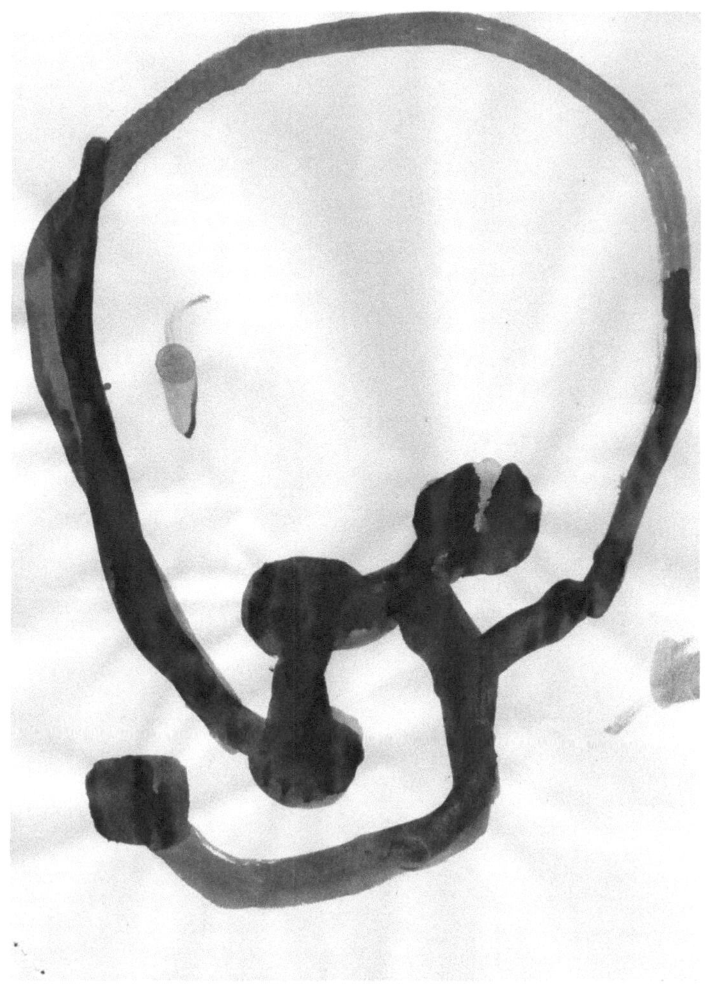

Ein 21-jähriger Fahrer war am Montagnachmittag mit einem 30 Jahre alten Beifahrer auf der Bundesstraße 254 von Schwalmstadt kommend in Richtung Homberg unterwegs. Im Verlauf einer Linkskurve kam er auf die Bankette und schleuderte in den Gegenverkehr, wo er frontal mit dem Wagen einer 41-jährigen Frau aus Frielendorf zusammenprallte. Der 21 Jahre alte Fahrer aus Knüllwald und sein 30-jähriger Beifahrer aus Frielendorf starben noch an der Unfallstelle.

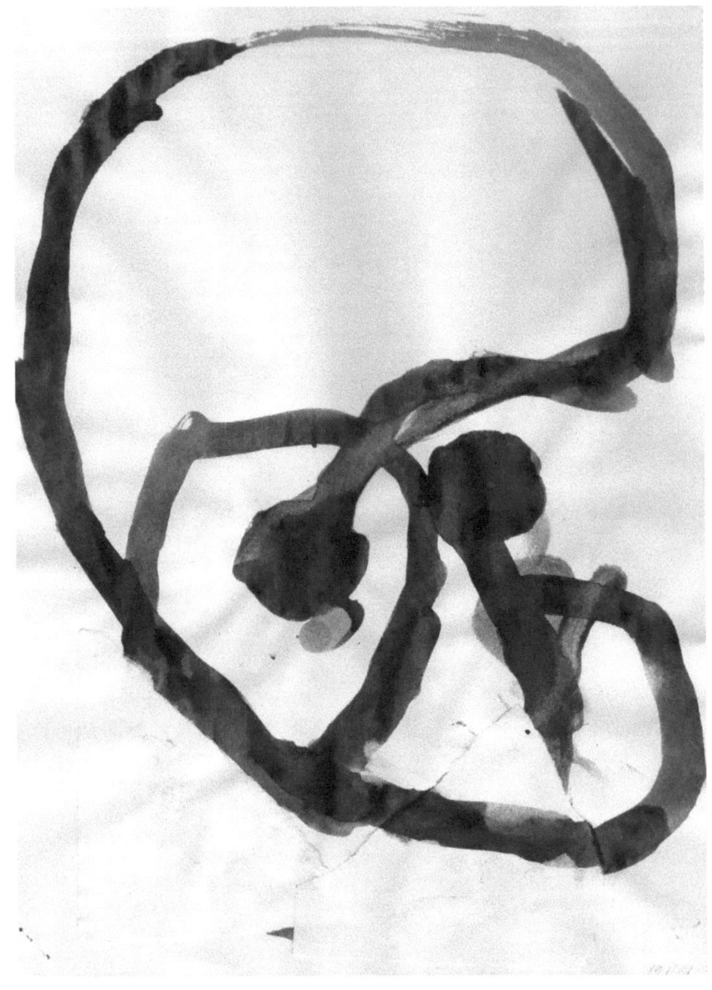

Ein Skoda Fabia und ein VW Golf stießen am Dienstagvormittag gegen 10.30 Uhr in Höhe der hessisch-westfälischen Landesgrenze auf der B 54 zwischen Haiger und Wilnsdorf auf gerader Strecke frontal zusammen. Der 67 Jahre alte Fahrer aus dem Lahn-Dill-Kreis und der 85 Jahre alten Fahrzeugführer aus dem Kreis Siegen-Wittgenstein erlagen noch an der Unfallstelle ihren Verletzungen.

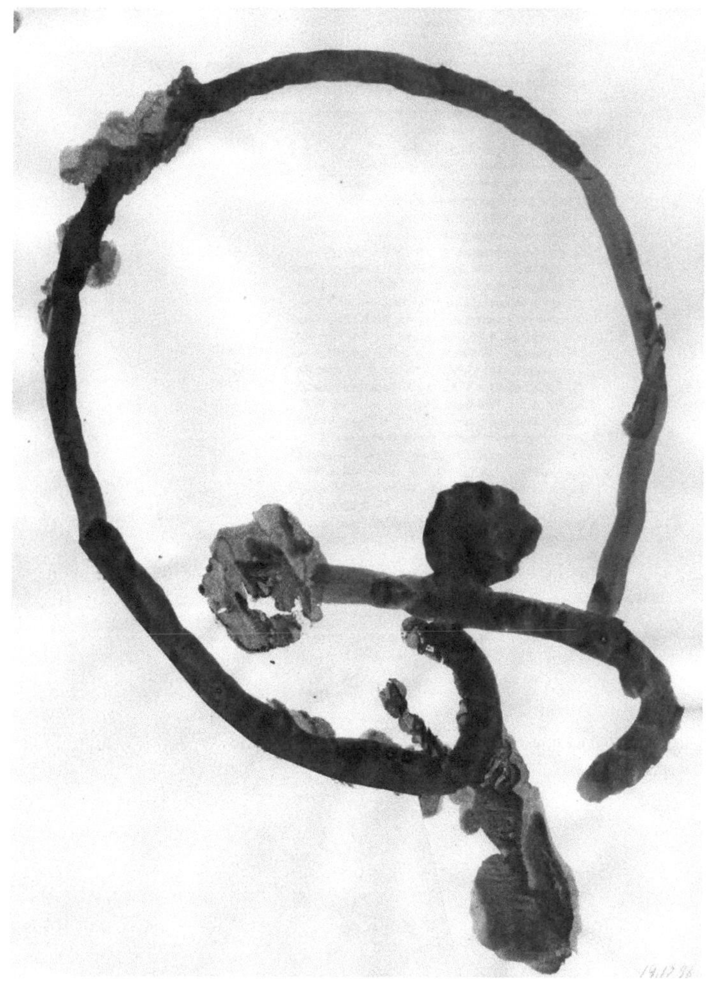

Ein 20 Jahre alter Fahrer aus Bad Endbach kam in der Nacht zum Sonntag gegen 2 Uhr zwischen Siegbach-Wallenfels und Bad Endbach-Hartenrod ausgangs einer Linkskurve nach rechts von der Fahrbahn ab. Sein Peugeot 306 prallte gegen eine Böschung, überschlug sich mehrfach und kam schließlich nach etwa 40 Metern wieder auf den Rädern zum Stehen. Der Fahrer erlitt tödliche Verletzungen.

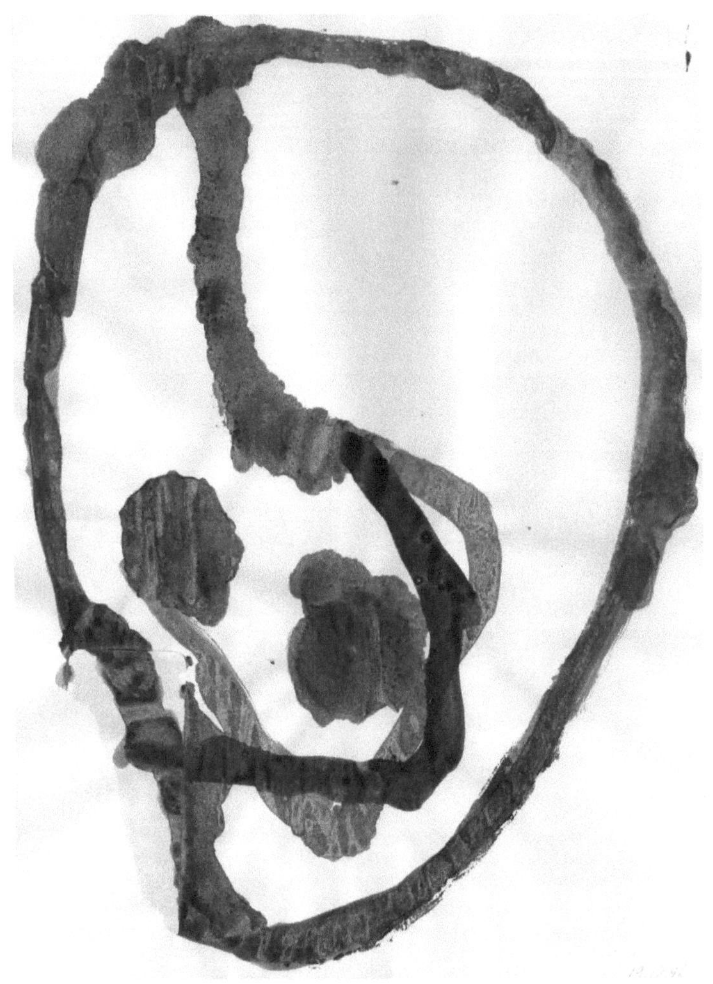

Eine 55 Jahre alte Autofahrerin aus Melsungen ist am Mittwochabend gegen 18.30 Uhr zwischen Ungedanken und Fritzlar von der Bundesstraße 253 abgekommen und gegen einen Baum geprallt. Dabei zog sie sich tödliche Verletzungen zu.

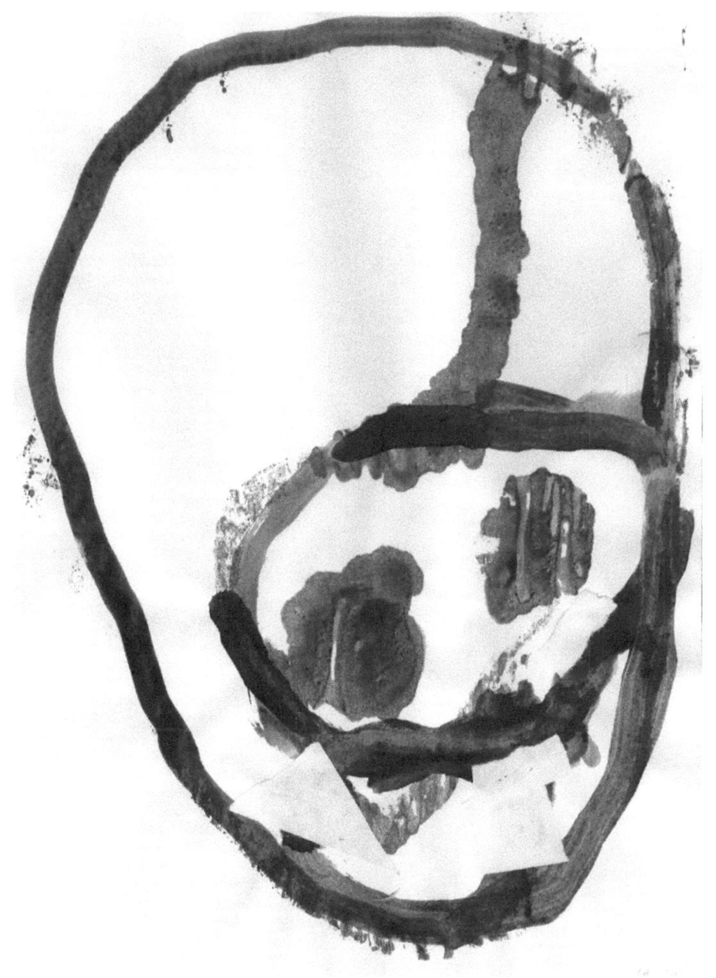

Der 24-jährige Fahrer eines Daimler Viano aus Edermünde kam am Samstag gegen 5 Uhr auf der A 49 zwischen Baunatal-Mitte und Baunatal-Süd ins Schleudern und touchierte das Fahrzeug eines 19-Jährigen aus Jesberg auf dem rechten Fahrstreifen. Beide Fahrzeuge kamen nach rechts von der Fahrbahn ab. Im Flutgraben stießen die Fahrzeuge nochmals zusammen. Das Fahrzeug des 24-Jährigen überschlug sich und der junge Mann wurde aus dem Van geschleudert. Er starb noch an der Unfallstelle.

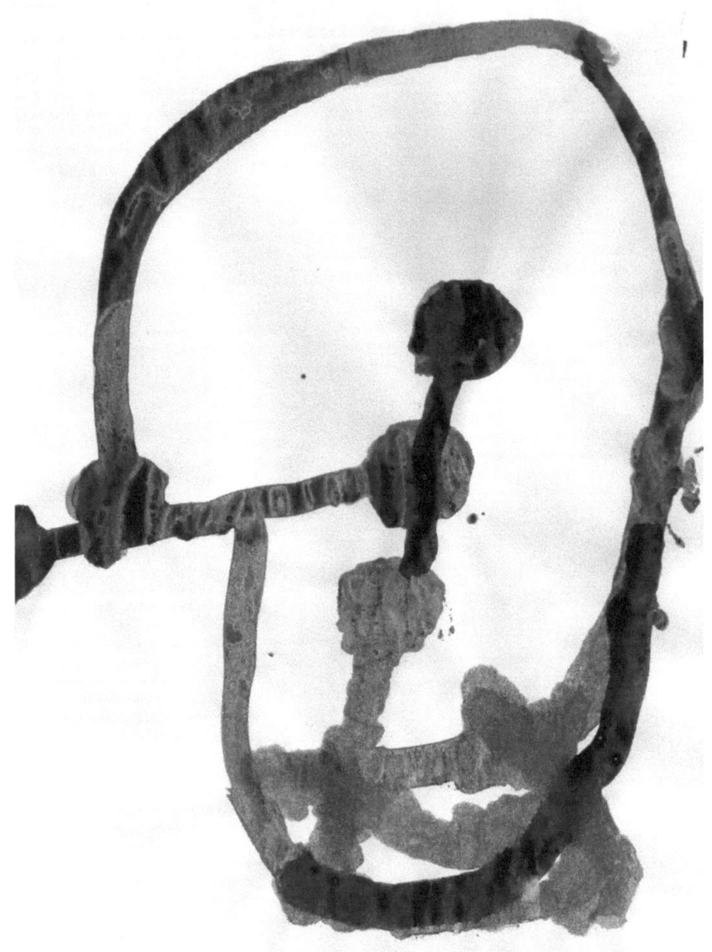

Ein 21 Jahre alter Motorradfahrer prallte am Montagabend gegen 18.30 Uhr auf der L 3237 zwischen Uschlag und Niestetal-Heiligenrode Richtung Heiligenrode in einer Kurve frontal gegen das ihm entgegenkommende Auto eines 27-Jährigen aus Nienhagen. Er starb noch an der Unfallstelle.

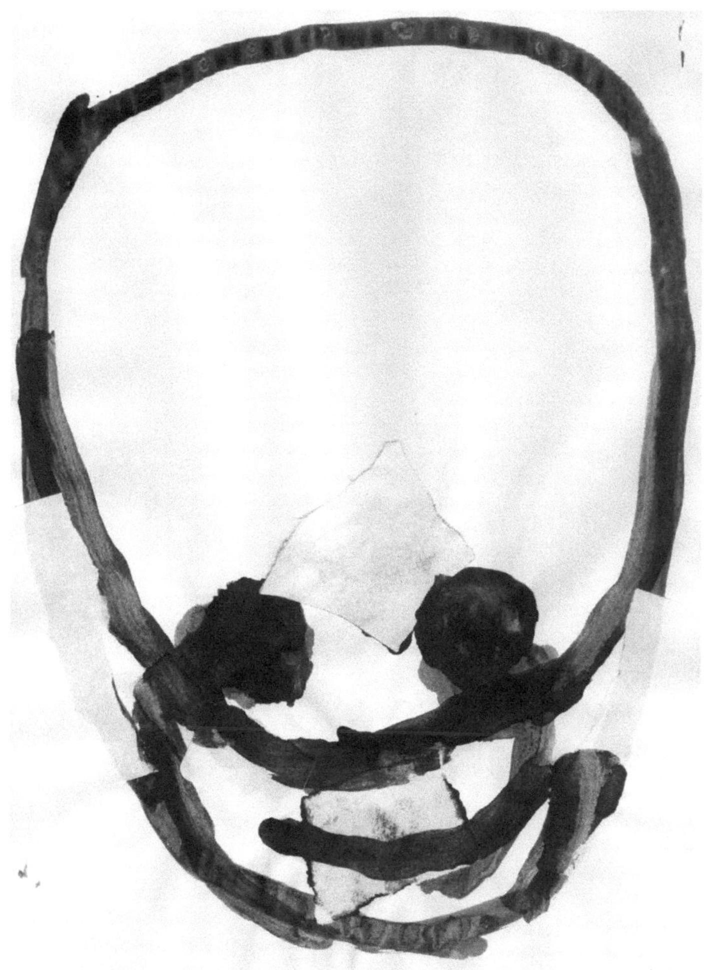

Ein 57 Jahre alter Mann aus Erksdorf raste am Donnerstag gegen 10 Uhr auf der B 62 mit seinem 3er BMW in Höhe der Abfahrt Kirchhain-West ungebremst in die Zugmaschine eines entgegenkommenden Sattelzuges aus Oberhavel. Der Mann starb noch an der Unfallstelle.

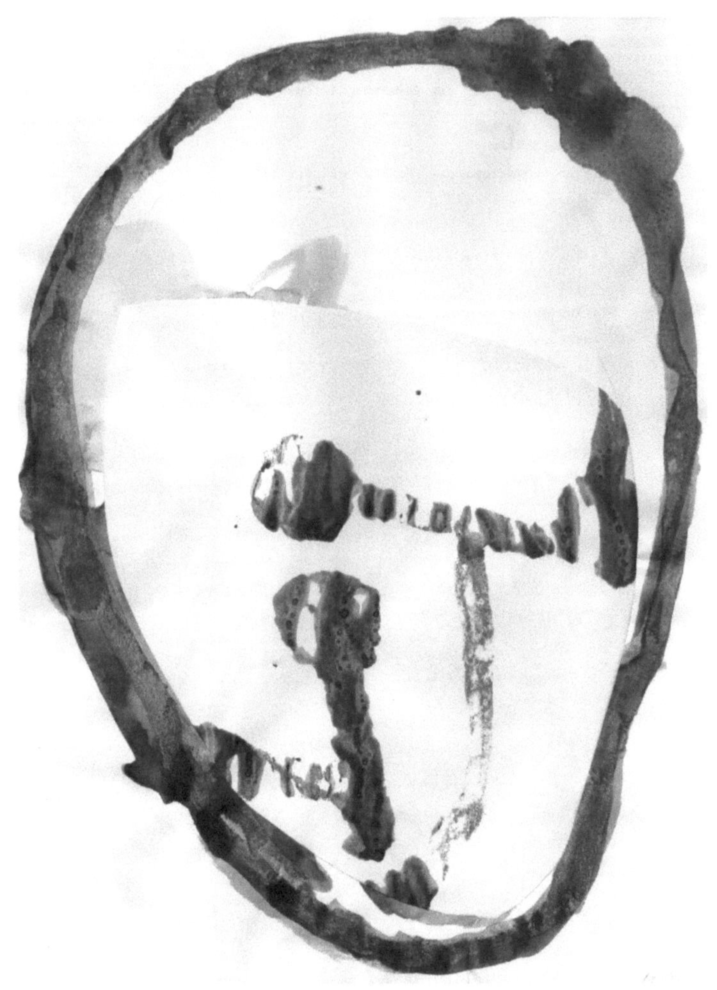

Ein 18-Jähriger fuhr am frühen Samstagmorgen gegen 2.30 Uhr auf einem geteerten Waldweg in Richtung des ehemaligen Sportplatzes in Oberdielfen. Das Fahrzeug geriet ausgangs einer Linkskurve nach rechts in den Grasstreifen, schleuderte in die gegenüberliegende Böschung und überschlug sich. Der Fahrer zog sich tödliche Verletzungen zu.

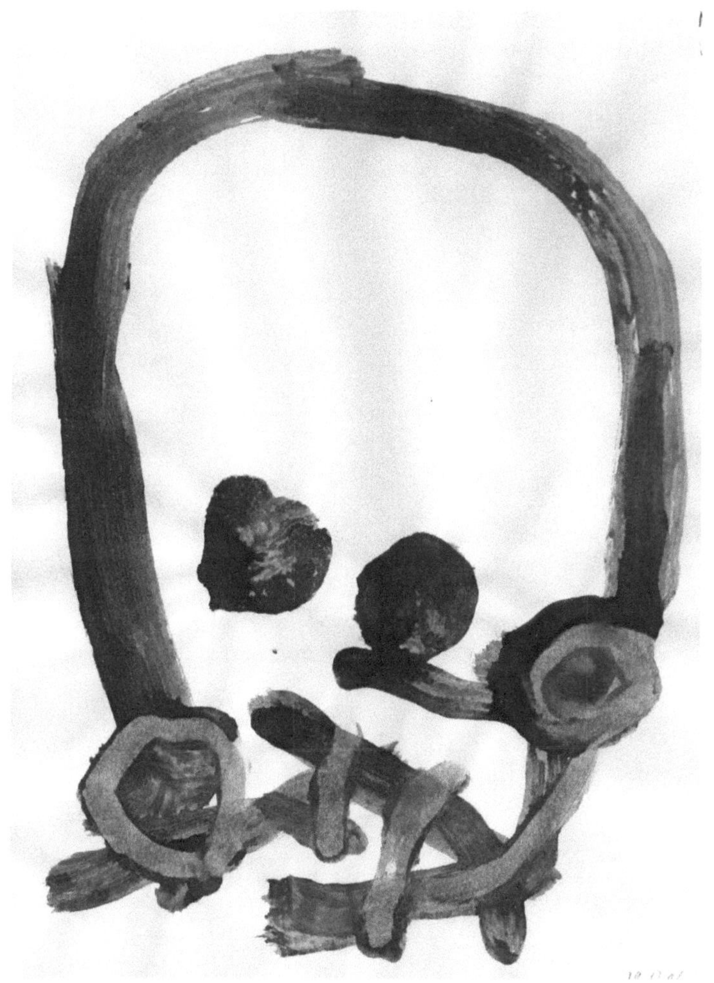

Ein 20-jähriger Mann aus Dautphetal fuhr am Freitag mit seinem VW Golf gegen 15.30 Uhr die Bundesstraße aus Richtung Breidenbach-Oberdieten kommend in Richtung Niederdieten. Er geriet in einer langgezogenen Rechtskurve auf regennasser Fahrbahn nach links auf die Gegenfahrspur und stieß mit einem dort entgegenkommenden Betonmischer frontal zusammen, wurde im Pkw eingeklemmt und erlag seinen Verletzungen.

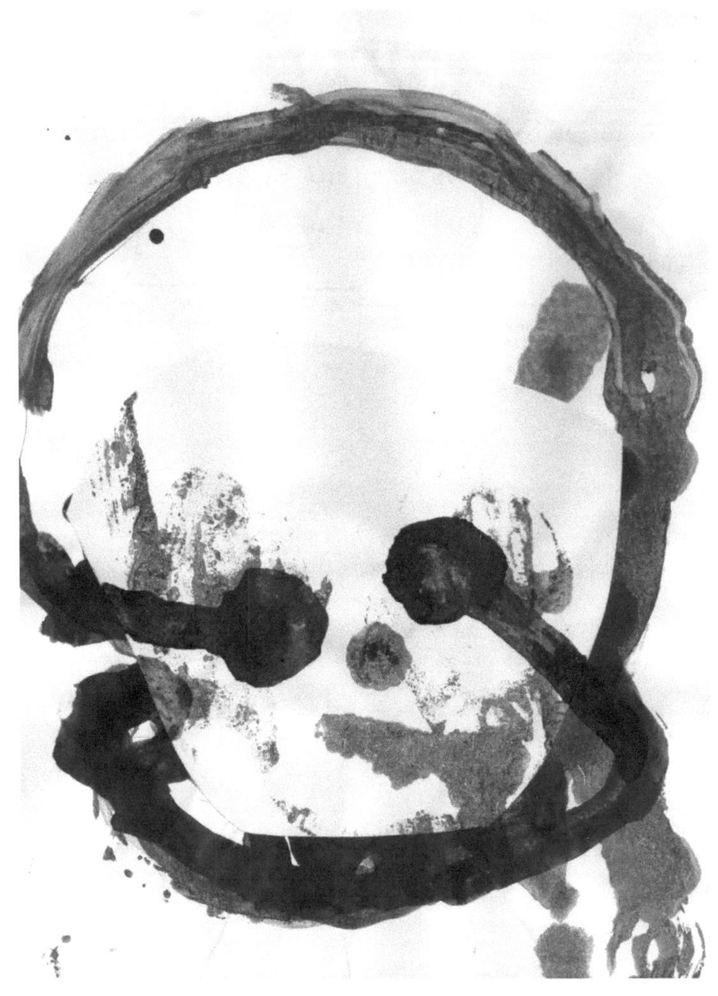

Ein 26-Jähriger aus Frankenberg mit einem Opel und ein 49 Jahre alter Mann aus einem Ortsteil von Frankenau mit einem Renault Laguna kollidierten am Samstag gegen 5 Uhr auf der B 253 zwischen Rennertehausen und dem Abzweig nach Haine ungebremst, nachdem der Renaultfahrer auf die Gegenspur geraten war. Beide waren sofort tot.

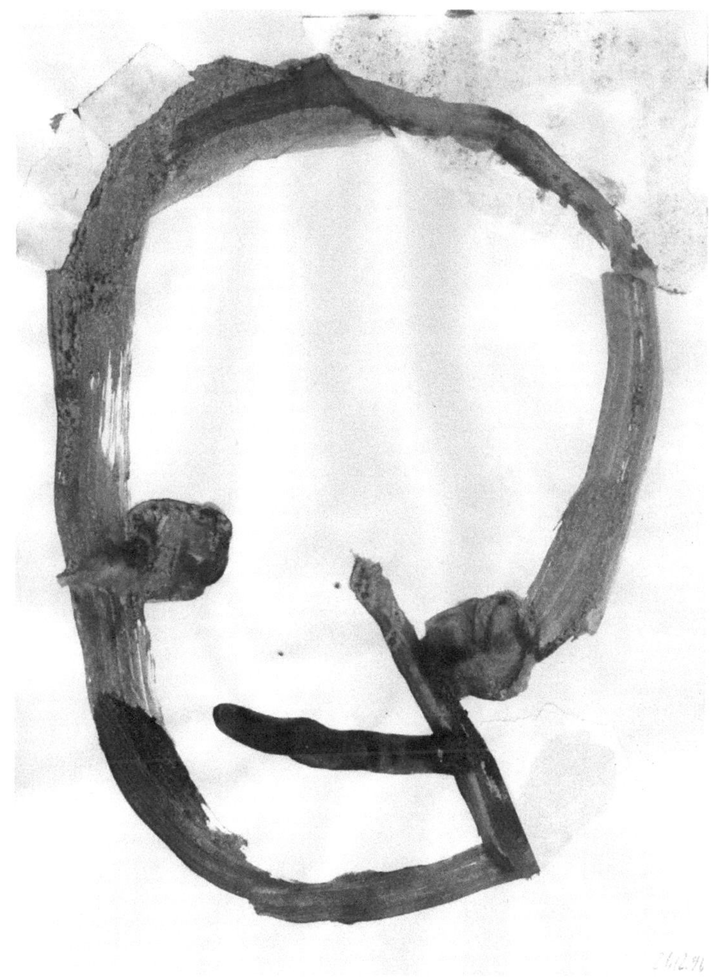

Zwei Fußgänger waren Polizeiangaben zufolge in der Nacht
zum Sonntag gegen 0.30 Uhr außerhalb der Ortschaft auf
der unbeleuchteten Bundesstraße 7 am rechten Fahrbahnrand von Niedermarsberg in Richtung Westheim unterwegs.
Kurz vor dem Abzweig Paulinenstraße wurde der 22-jährige
Fußgänger aus Marsberg von einem Auto erfasst und über die
Schutzplanke in eine Grünfläche geschleudert. Er erlitt tödliche Verletzungen.

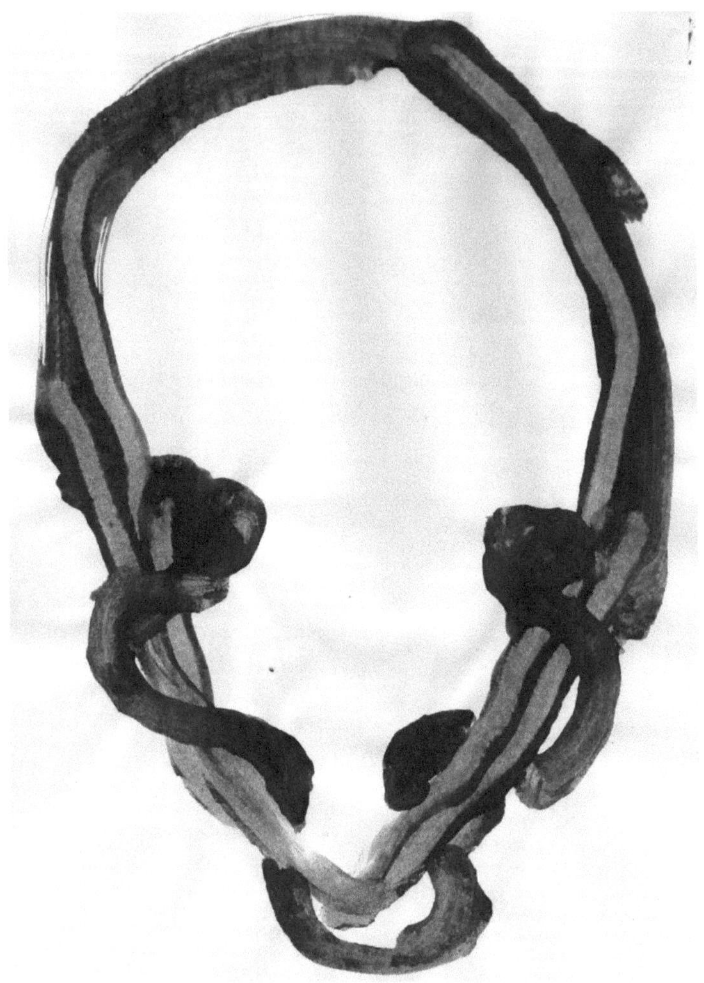

Eine 68-jährige Frau aus Schmitten rangierte am Mittwochnachmittag ihren fünf Jahre alten Daihatsu Terios Geländewagen rückwärts aus einer Parklücke. Dabei quetschte sie ihren drei Jahre älteren Ehemann, der hinter dem Auto stand, zwischen Hauswand und Auto ein und verletzte ihn tödlich.

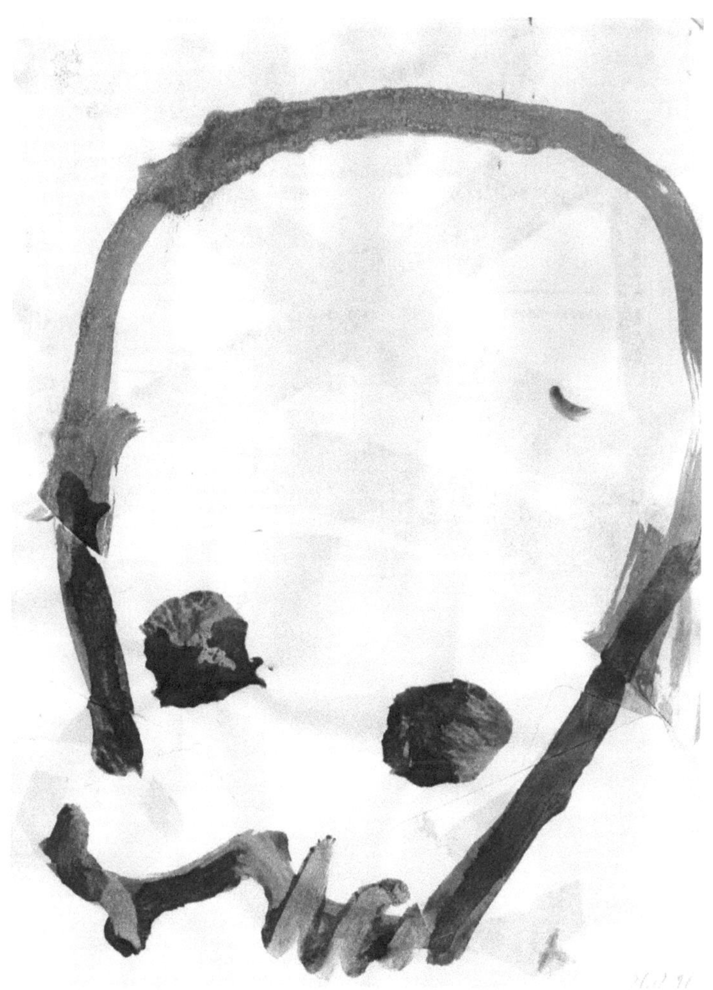

Ein 28-Jähriger versuchte am späten Dienstagabend mit
seinem Wagen auf der L 718 aus Richtung Herbertshausen
kommend in Richtung Laaspherhütte zwei Fahrzeuge zu
überholen und verlor dabei in einer langgezogenen Rechtskurve die Kontrolle über sein Fahrzeug. Der Wagen stieß
zunächst mit der Front gegen einen Straßenbaum, wurde
daraufhin herumgeschleudert und stieß mit der Fahrerseite
gegen einen weiteren Baum. Auf dem Weg ins Krankenhaus
erlag der Mann seinen Verletzungen.

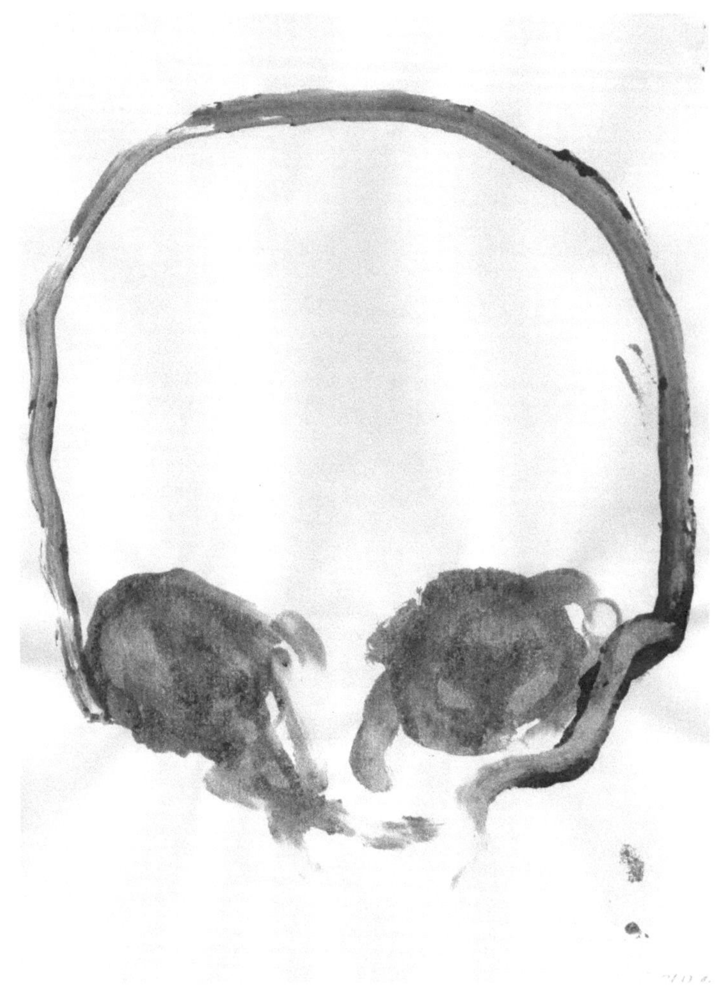

Ein 21-Jähriger aus Hatzfeld kam am späten Sonntagabend des 19. August mit seinem älteren Ford Sierra aus Richtung Hatzfeld kommend eingangs einer scharfen Linkskurve kurz vor Ebenfeld nach rechts von der Fahrbahn ab und prallte frontal gegen eine Transformatorenstation. Die Rettungskräfte konnten dem jungen Mann nicht mehr helfen, er war auf der Stelle tot.

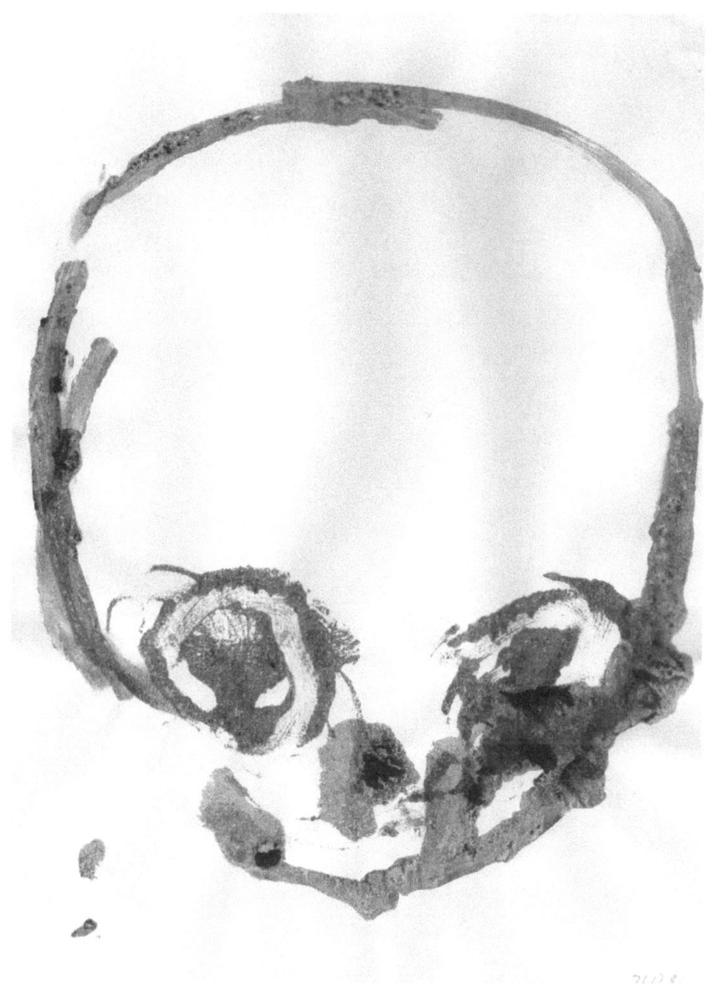

Ein 34 Jahre alter Motorradfahrer, auf der B 27 von Göttingen kommend in Richtung Eschwege, rutschte am Mittwoch gegen 16.40 Uhr beim Durchfahren der Ludwigsteinkurve auf die Gegenfahrbahn und kam zu Fall. Er kollidierte dort mit dem VW Golf einer 70-jährigen Autofahrerin aus Friedland. Der Motorradfahrer flog über diesen Wagen und rutschte auf der Fahrbahn in den folgenden Opel Corsa einer 40-jährigen Autofahrerin aus Witzenhausen. Er verstarb noch an der Unfallstelle.

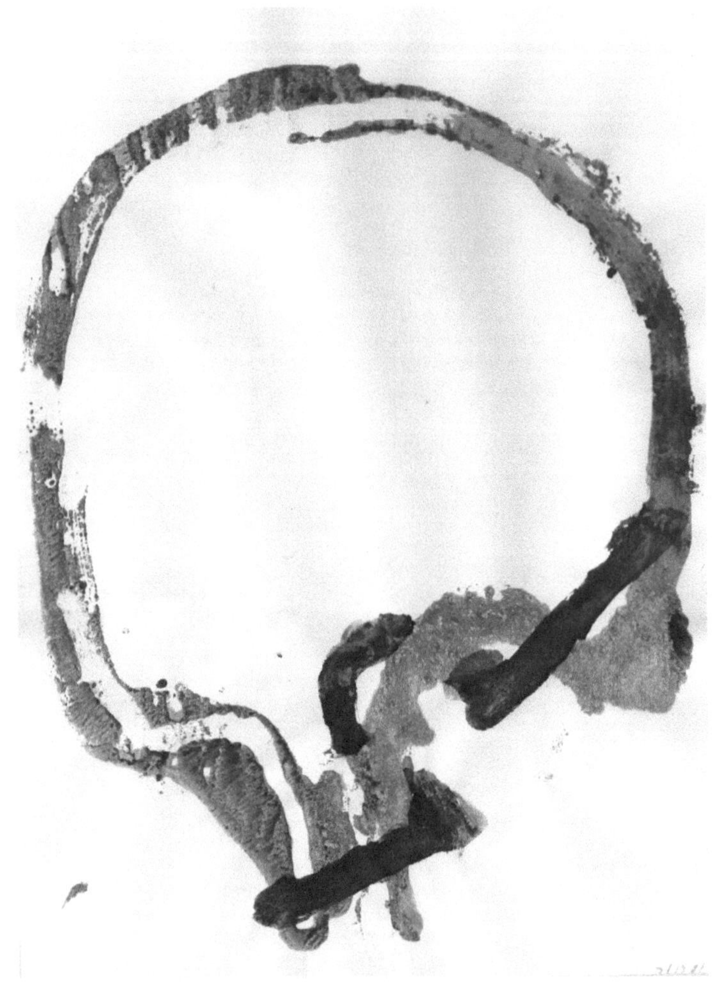

Eine junge Frau aus Knüllwald-Wallenstein wollte am Dienstagnachmittag auf der L 3155 zwischen dem Schwalmstädter Stadtteil Niedergrenzebach und dem Frielendorfer Ortsteil Obergrenzebach (Schwalm-Eder-Kreis) einen Klein-Lkw überholen und übersah eine 57-Jährige, die ihr aus Richtung Obergrenzebach entgegenkam. Die Fahrzeuge prallten frontal zusammen, wobei die 57-Jährige sofort getötet wurde.

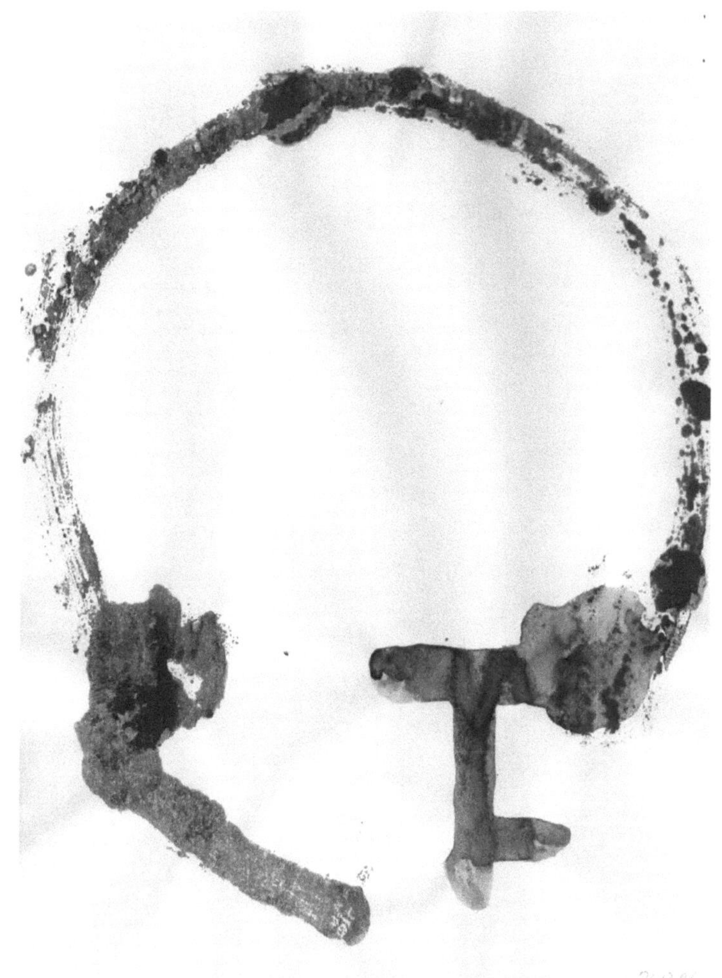

Ein 21 Jahre alter Mann aus Hatzfeld kam am späten Sonntagabend gegen 23 Uhr auf der Kreisstraße 115 auf der
abschüssigen Strecke in Richtung Reddighausen in einer
Linkskurve nach rechts von der Fahrbahn ab und prallte
frontal gegen einen Strommast aus Beton. Der Mann war auf
der Stelle tot.

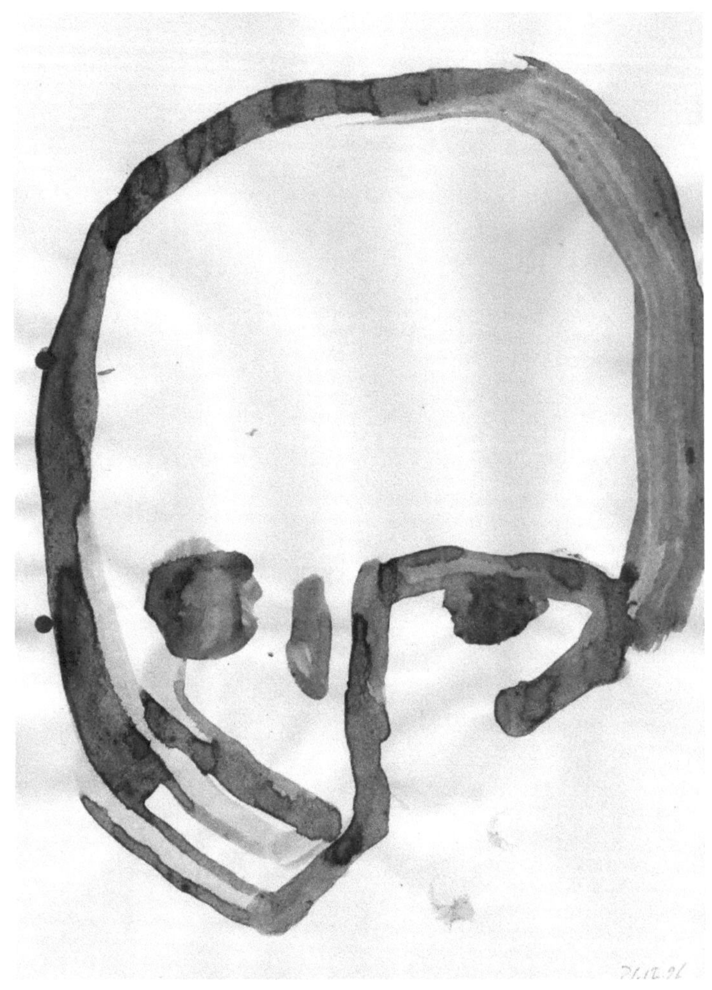

Ein 18 Jahre alter Fahranfänger aus einem Gudensberger
Stadtteil geriet am späten Mittwochabend kurz vor Wichdorf
im Schwalm-Eder-Kreis auf den unbefestigten Seitenstreifen
und schleuderte mit der Beifahrerseite gegen einen Baum.
Der Fahrer wurde zwischen der Tür, Fahrzeugteilen und
dem Baum eingeklemmt und erlag seinen Verletzungen.

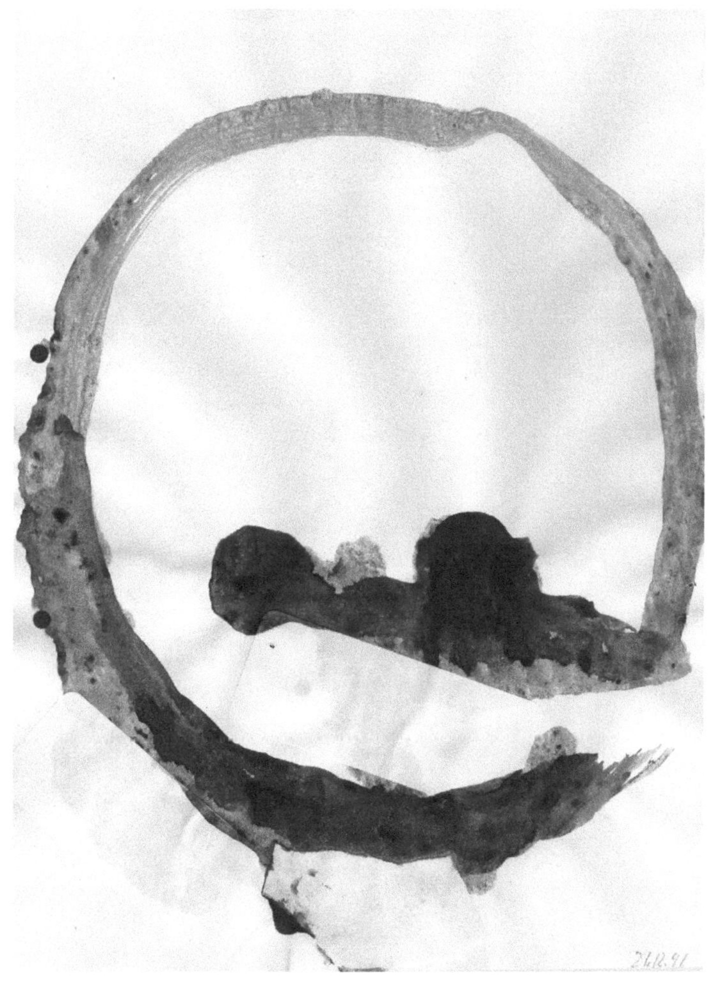

Ein 18-Jähriger fuhr am Freitagmorgen ohne Fahrerlaubnis
mit einem silberfarbenen Ford in Richtung Hannah-Arendt-
Straße. In Höhe einer kleinen Baustellenabsperrung kam der
Marburger nach rechts von der Fahrbahn ab, fuhr über einen
Bordstein und schoss dann quer mit dem Fahrzeug auf die
gegenüberliegende Straßenseite. Hier prallte er frontal gegen
die Hauswand eines Mehrfamilienhauses. Die 17-jährige Beifahrerin aus der Gemeinde Weimar erlag noch an der Unfallstelle ihren Verletzungen.

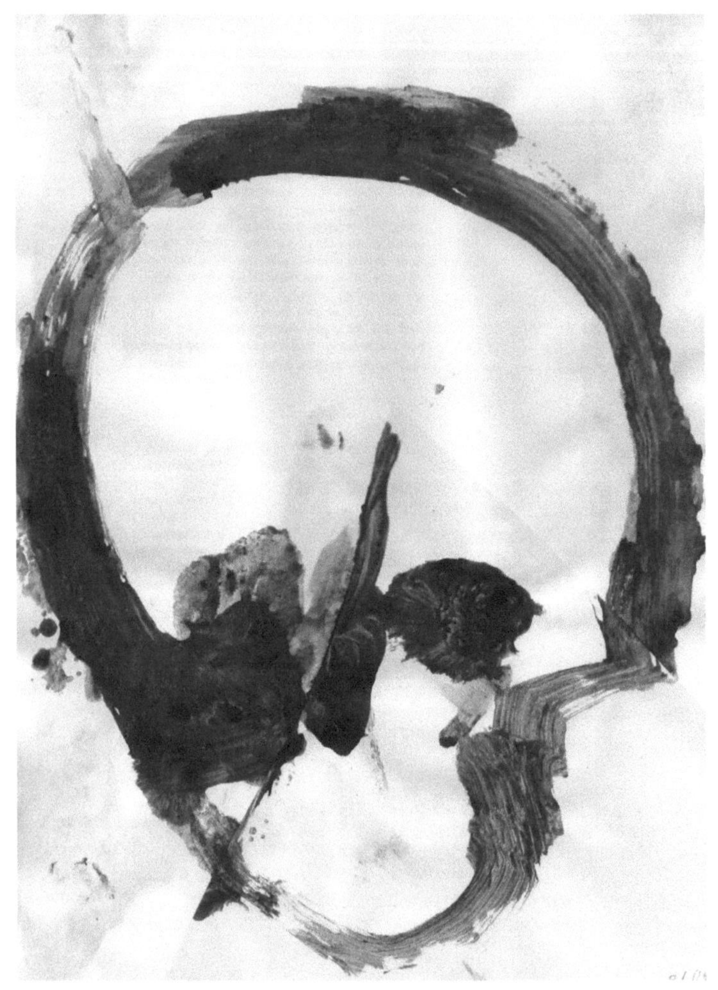

Ein 100-jähriger Autofahrer fuhr am Donnerstag gegen 16.50 Uhr auf der Kreisstraße im Wetzlarer Stadtteil Garbenheim mit seinem Mercedes in Richtung Lahnau. In Höhe Haus Nummer 5 hielt auf der Gegenfahrspur ein Bus. Hinter diesem Bus wollte eine 88-jährige Frau aus Garbenheim die Fahrbahn überqueren und wurde hierbei von dem Mercedes erfasst. Die Fußgängerin wurde schwerst verletzt in die Uniklinik Gießen eingeliefert und starb dort gegen 19 Uhr.

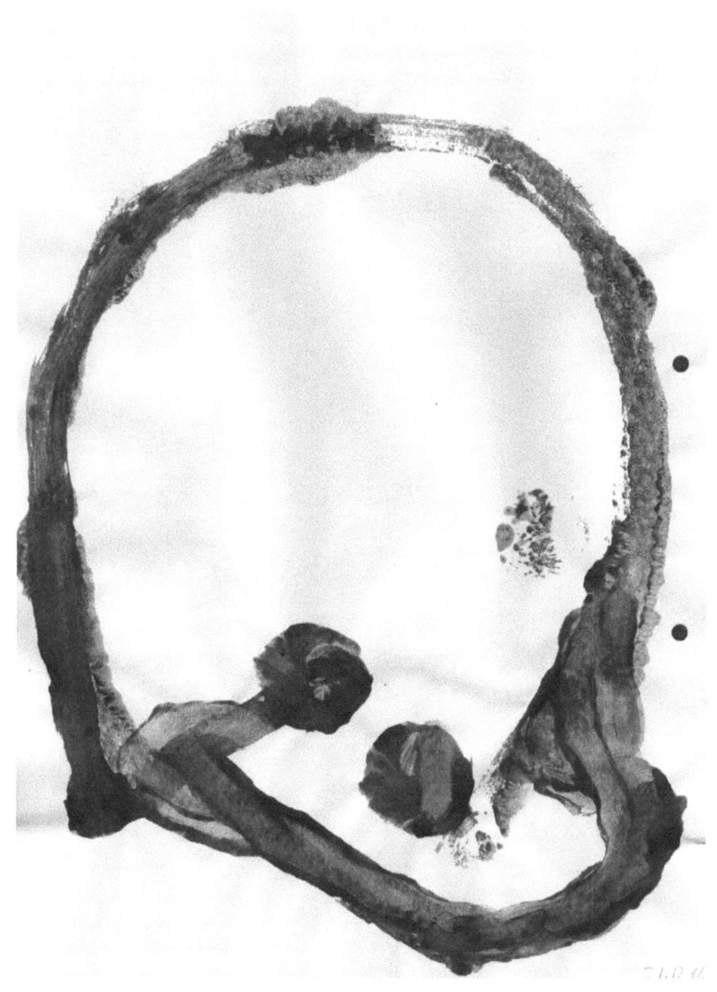

Ein 57-jähriger Lastzugfahrer aus der Slowakei prallte auf der
B 64 etwa 400 Meter vor dem Abzweig Benhausen frontal
gegen die linke Böschung. Dadurch wurde der Sattelauflieger
um 180 Grad auf der Fahrbahn in Richtung Paderborn herumgeschleudert und erfasste einen in Richtung Bad Driburg
fahrenden Hyundai Getz. Der mit etwa 10 Tonnen Stahlele-
menten beladene Sattelanhänger kippte auf den Kleinwagen
und verletzte den 55-jährigen Fahrer aus Paderborn tödlich.

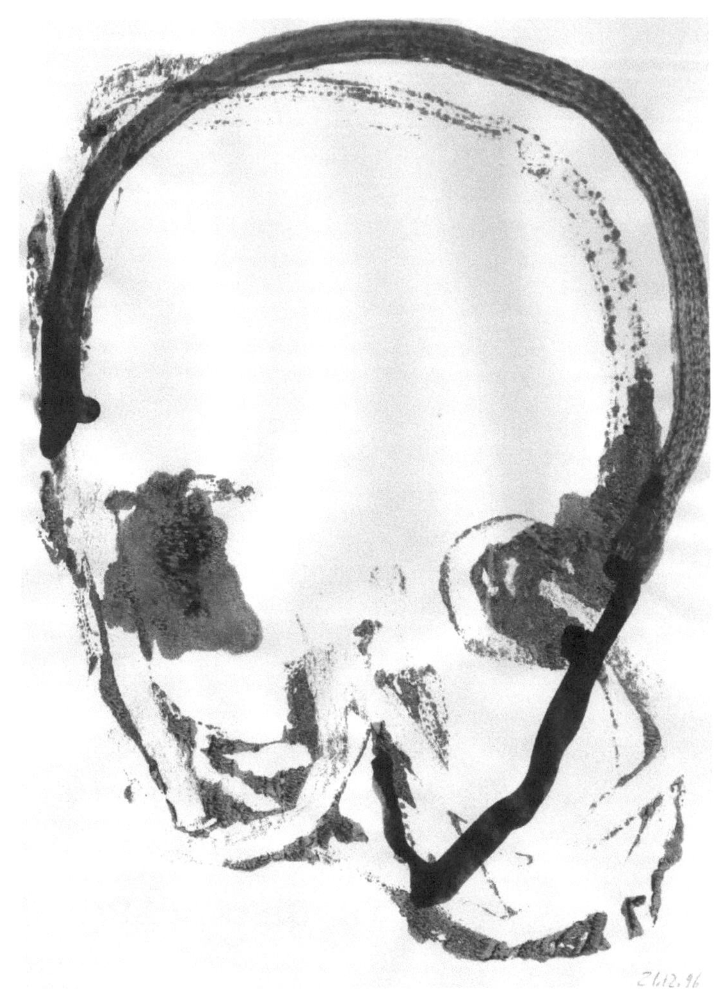

Ein Mann hat sich mit seinem Fahrzeug auf der L 3400 zwischen Helsa und Hessisch Lichtenau-Friedrichsbrück im Waldgebiet mehrfach überschlagen. Als ein Autofahrer um 3.40 Uhr den Unfall entdeckte und nach dem Verunglückten sah, war dieser bereits tot.

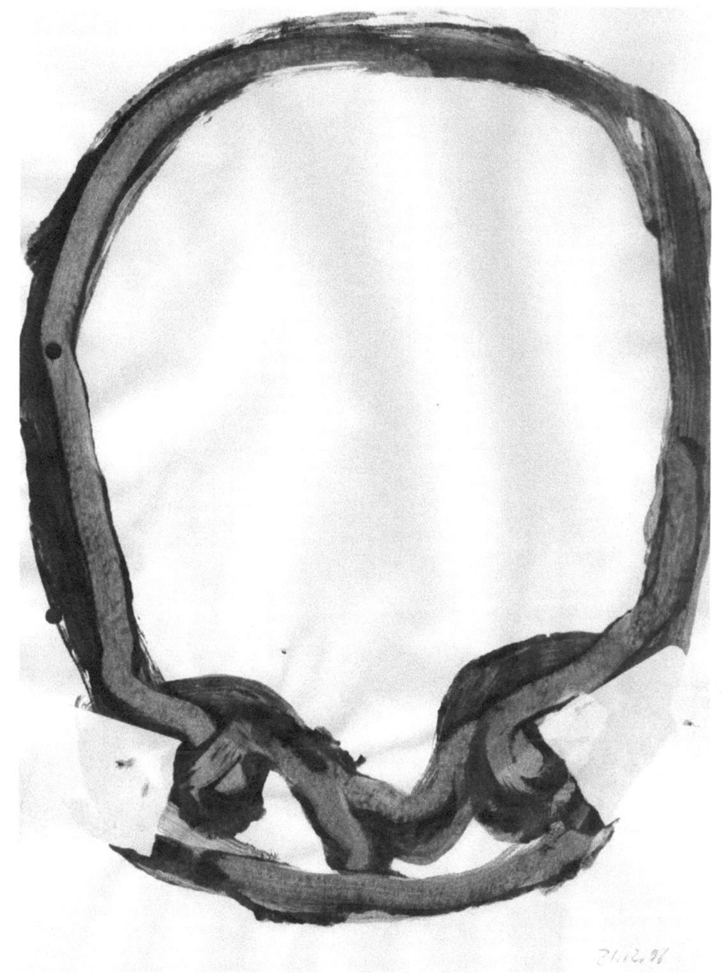

Ein 53-Jähriger fuhr mit seinem Sattelzug gegen 2.30 Uhr auf der Autobahn 7 mit etwa 40 Stundenkilometer auf dem rechten Fahrstreifen. Der 45-jährige Fahrer eines Kleinbusses einer Baufirma aus Neustadt fuhr auf das Heck des Lkw auf. Durch den Aufprall wurde ein 50-jähriger Mitfahrer gegen die vorderen Sitzreihen geschleudert und tödlich verletzt.

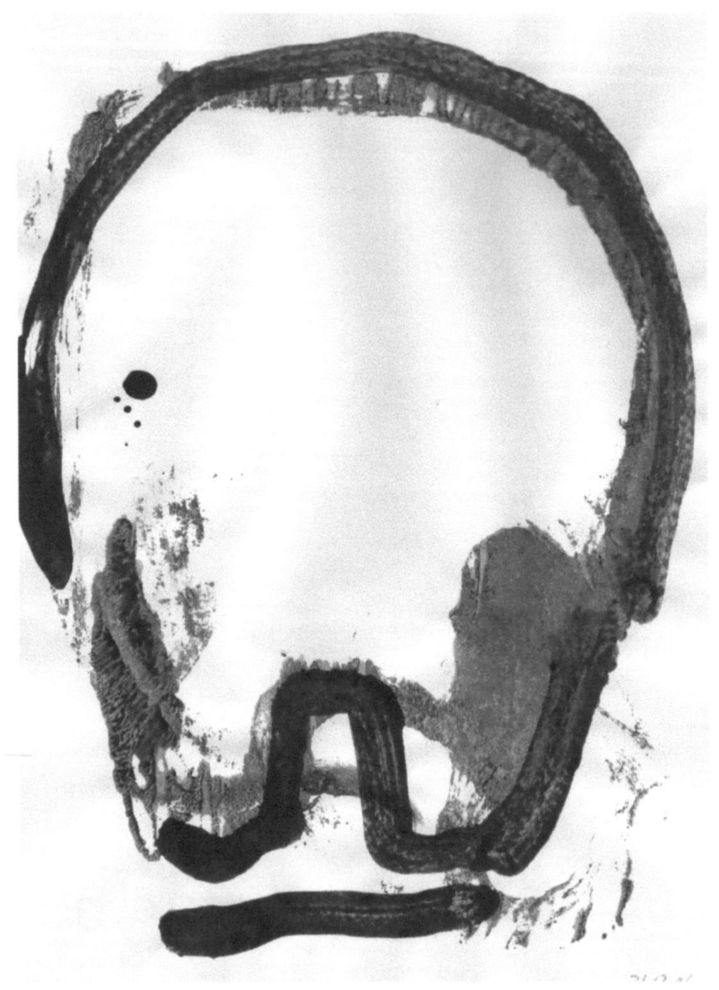

Ein 30 Jahre alter Autofahrer aus Zierenberg ist am Freitagmorgen gegen 6.20 Uhr auf der Bundesstraße 251 zwischen der Anschlussstelle Zierenberg der Autobahn A 44 und Habichtswald-Ehlen (Landkreis Kassel) einem an der rechten Fahrbahnseite liegenden Wildschwein ausgewichen, gegen einen Baum geprallt und tödlich verletzt worden.

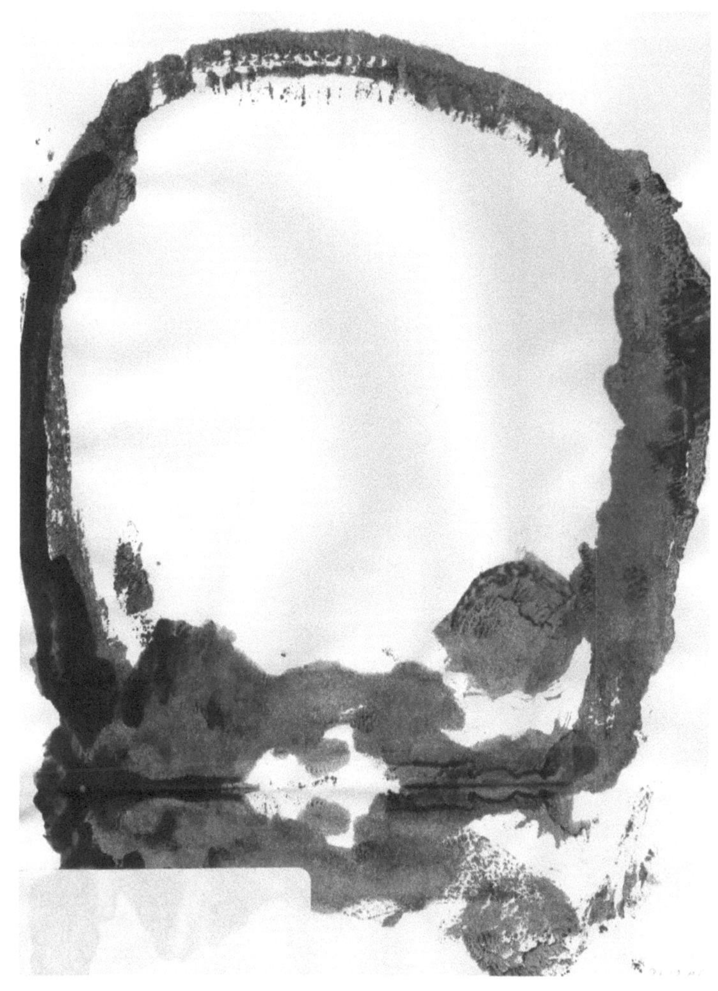

Ein 24 Jahre alter Geisterfahrer war am frühen Sonntagmorgen mit seinem BMW auf die Autobahn 46 aufgefahren und hatte einen entgegenkommenden Skoda gerammt. Er verbrannte in seinem Wagen. Für die vier Insassen des Skoda Kombis kam ebenfalls jede Hilfe zu spät.

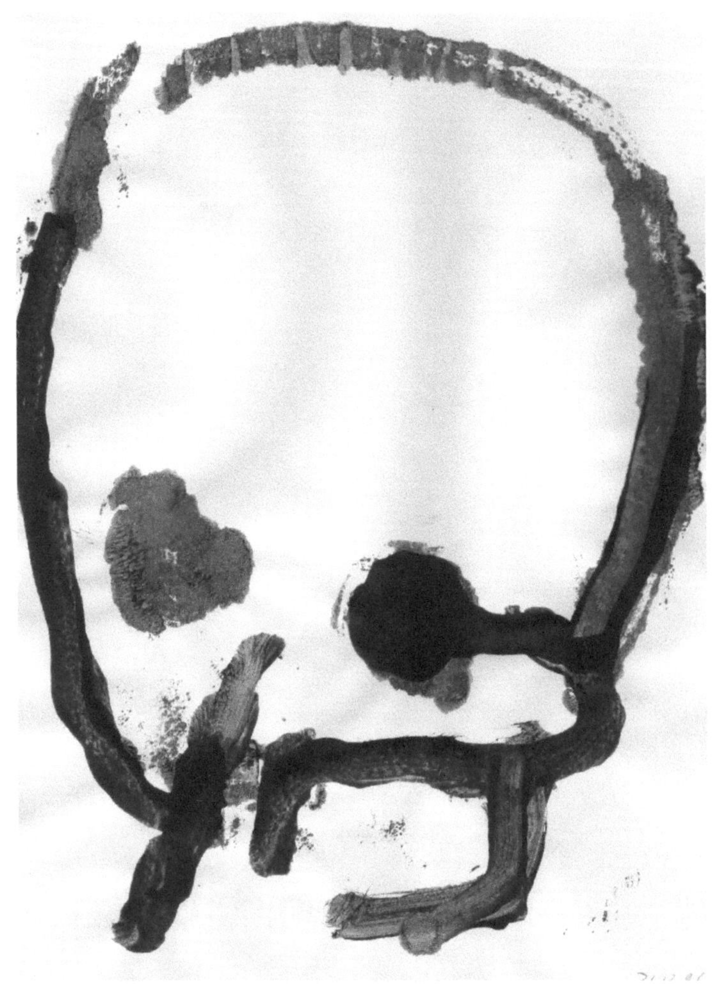

Eine 31-jährige Fiestafahrerin aus Schlangen fuhr mit ihren beiden Töchtern im Alter von fünf Jahren am Dienstagnachmittag die B 1 in Richtung Paderborn. Beim Überholen zwischen den Abfahrten Bad Lippspringe und Marienloh driftete der Fiesta nach links in den Gegenverkehr und kollidierte mit einem entgegenkommendem 38-Tonner, der voll beladen mit Schüttgut in Richtung Schlangen fuhr. Der Notarzt konnte nur noch den Tod der drei eingeklemmten Autoinsassen feststellen.

Ein 18 Jahre alter Autofahrer aus Meißner (Werra-Meißner-Kreis) war am Donnertag gegen 23.30 Uhr auf der Landesstraße 3241 von Meißner in Richtung Vockerode unterwegs. Kurz vor dem Ortseingang kam der Wagen in einer scharfen Rechtskurve nach links von der Fahrbahn ab. Hier prallte das Auto gegen einen Baum und fing Feuer. Der Fahrer war nach dem Aufprall sofort tot.

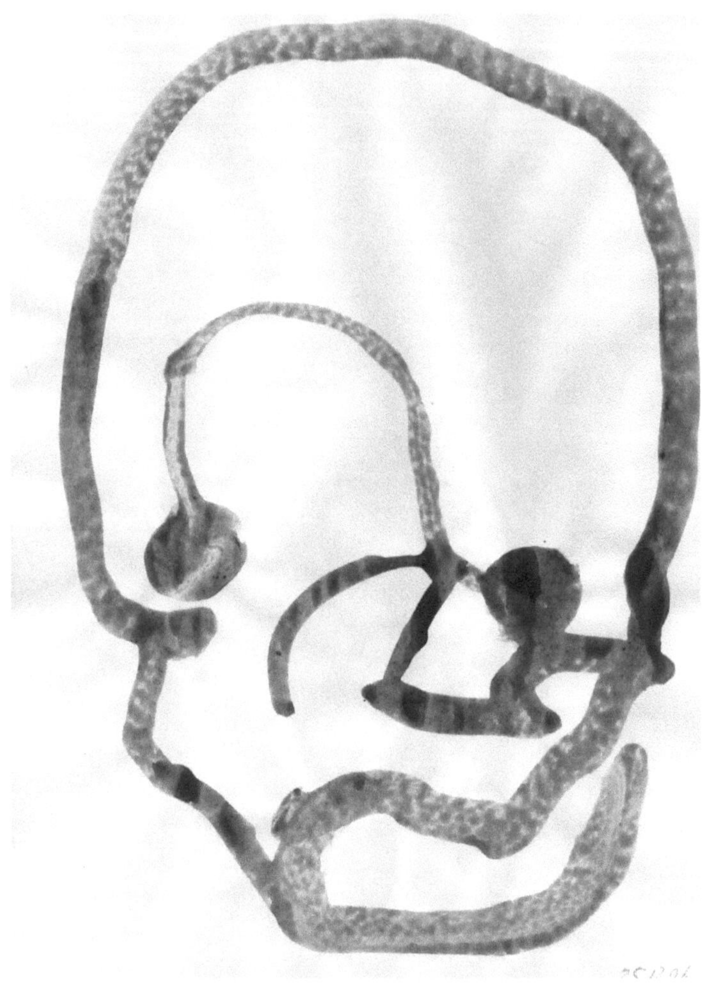

Ein 44-jähriger Rollerfahrer war am Montagabend gegen 19.45 Uhr auf der B 83 in Richtung Kassel unterwegs. An der Auffahrt Grebenstein-Süd wollte ein 51 Jahre alter Autofahrer aus Hofgeismar nach links auf die Bundesstraße aufbiegen. Der 44-Jährige prallte mit seinem Motorroller gegen die Fahrerseite des Autos und stürzte auf die Straße. Er erlag seinen schweren Verletzungen.

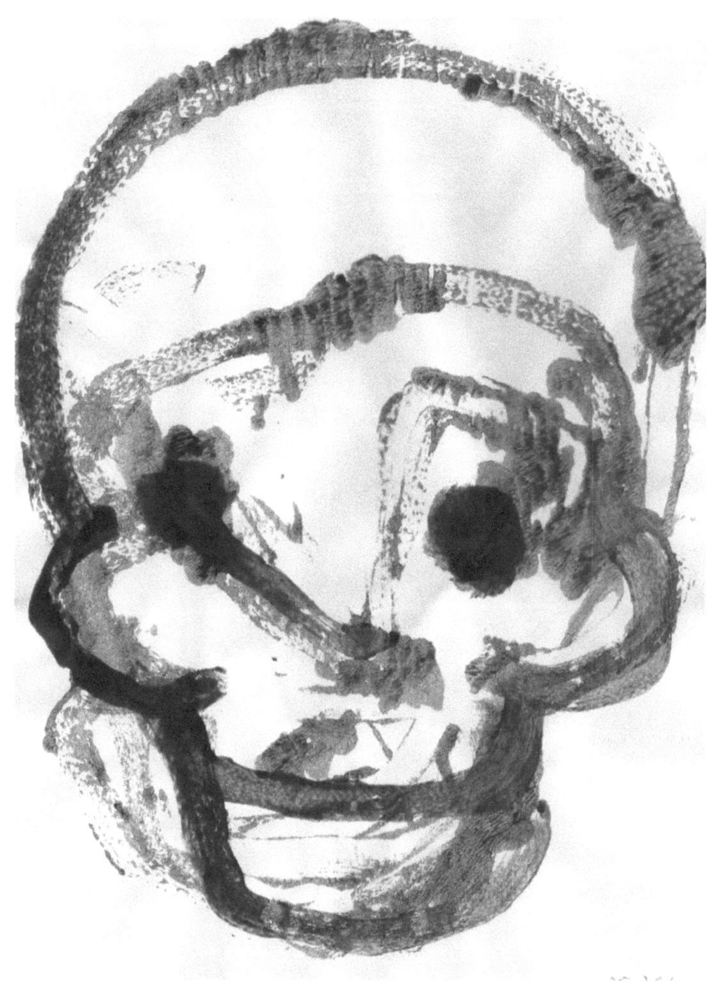

Ein 73 Jahre alter Rentner führte am Samstagabend gegen
20 Uhr seinen Hund außerhalb von Paderborn-Elsen auf
der Straße Südhang am linken Fahrbahnrand in Richtung
Scharmeder Straße spazieren. Etwa 100 Meter vor dem Orts-
eingangsschild Elsen wurde er von einem Ford Mondeo
erfasst und tödlich verletzt.

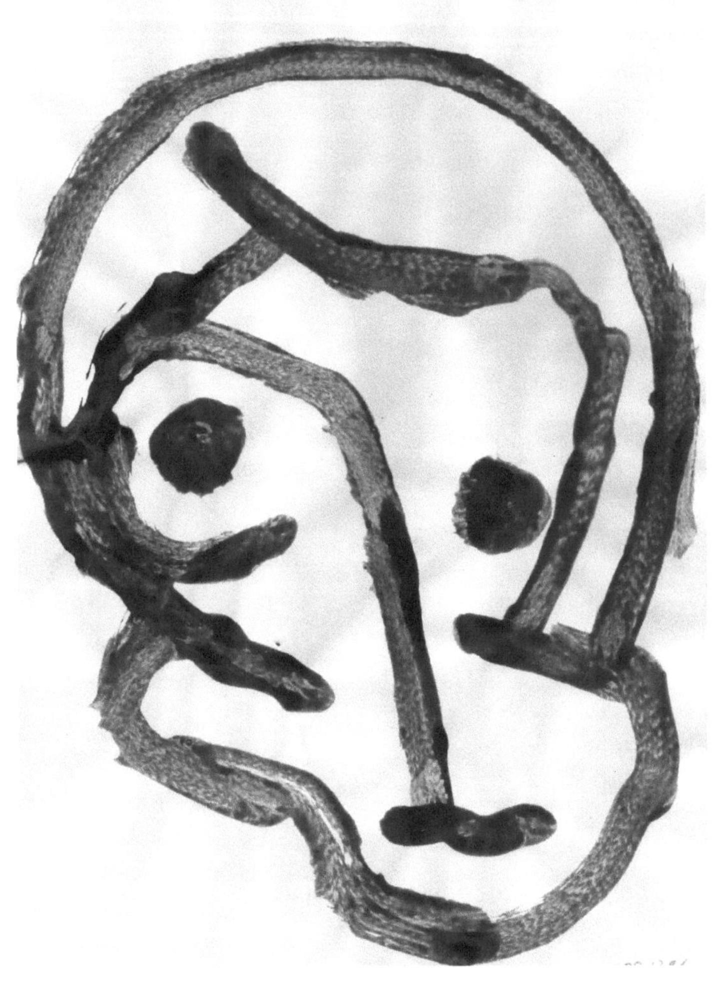

Ein 47-jähriger Lkw-Fahrer war am am Dienstagvormittag gegen 11 Uhr auf der Landgraf-Phillipp-Straße unterwegs. Beim Abbiegen des Silozuges nach rechts an der Kreuzung zur Balhorner Straße (Bundesstraße 450) Richtung Bad Emstal-Balhorn wurde ein 66 Jahre alter Mann aus Fuldatal von dem Lkw erfasst und so schwer verletzt, dass er noch an der Unfallstelle seinen Verletzungen erlag.

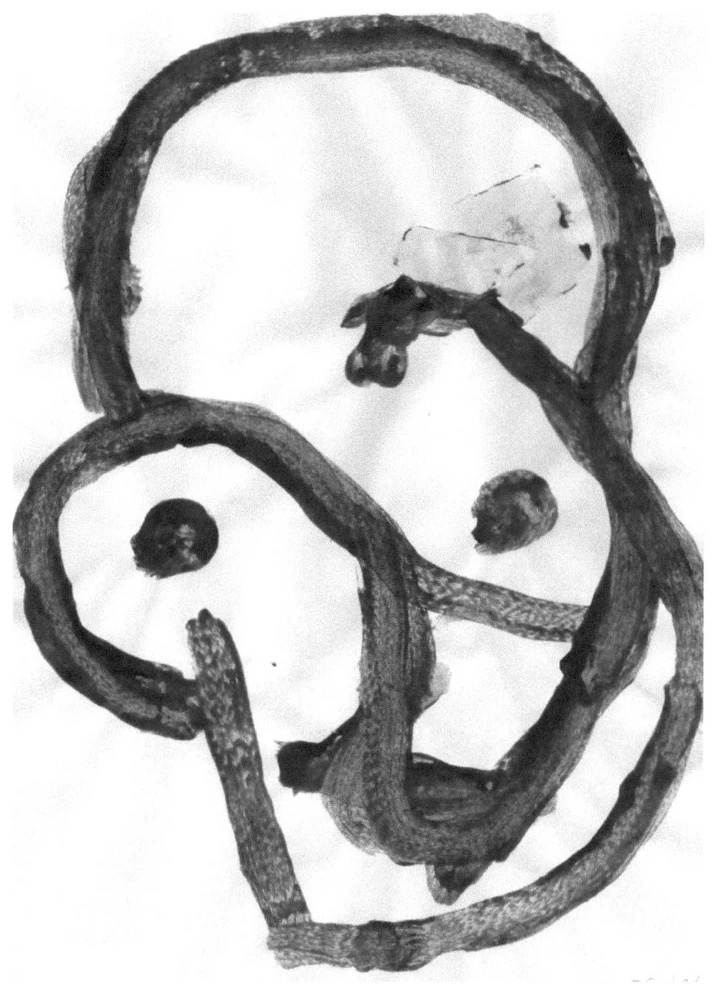

Ein 30 Jahre alter Lkw-Fahrer aus Polen wollte am Samstagabend gegen 20.10 Uhr die A 49 in der Gemarkung Hertingshausen kurz hinter einer Tankstelle zu Fuß überqueren. Ein 40-jähriger Autofahrer aus der Großgemeinde Edertal (Landkreis Waldeck-Frankenberg) erfasste der Mann. Der Fußgänger war auf der Stelle tot.

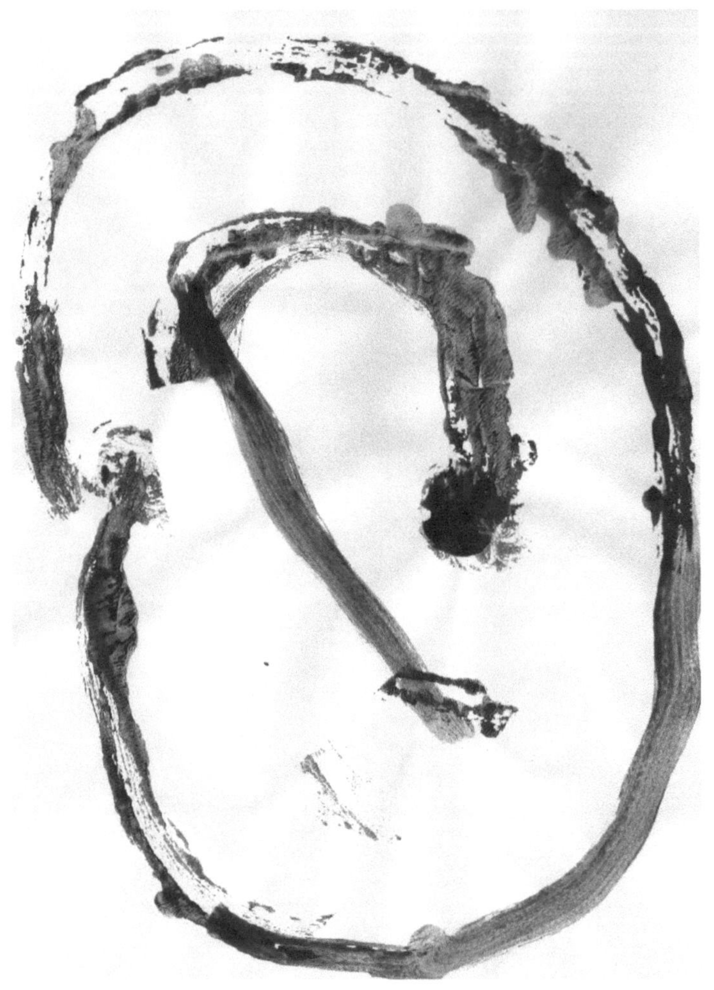

Ein 19-jähriger Motorradfahrer aus einem Lichtenfelser Stadtteil und sein Mitfahrer waren am frühen Sonntagmorgen gegen 2.30 Uhr von Ober-Ense kommend in Richtung Immighausen unterwegs und kamen in einer Rechtskurve nach links von der Kreisstraße 50 ab. Die Kawasaki durchfuhr den Grünstreifen und stieß nach einigen Metern frontal gegen einen Baum. Der Fahrer erlag noch an der Unfallstelle seinen schwere Verletzungen.

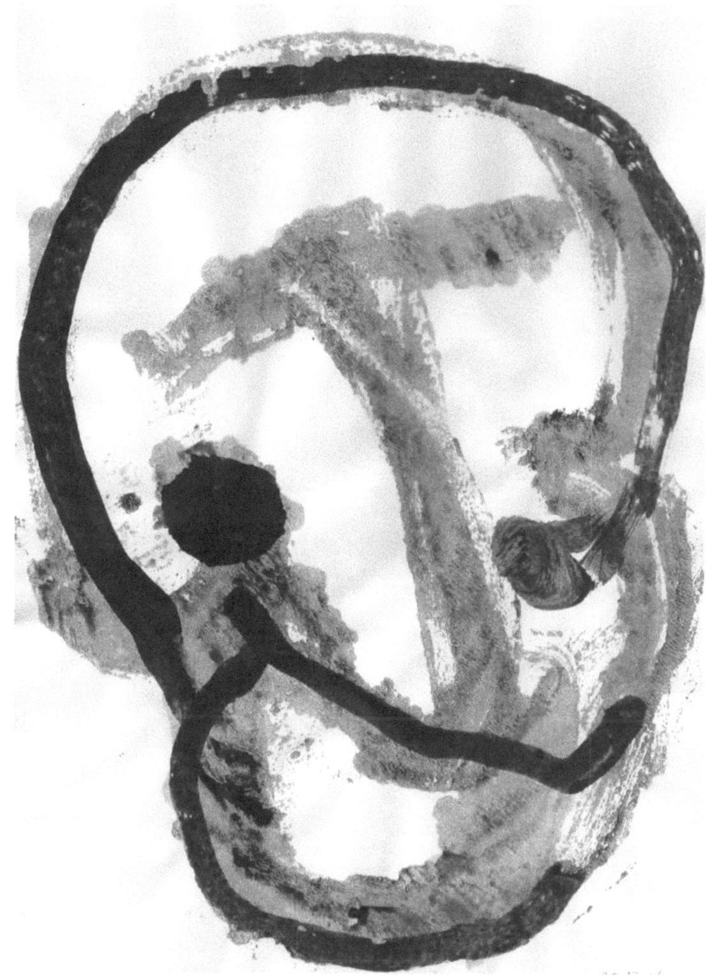

Ein 56-jähriger Mann aus Biedenkopf befuhr am Donnerstagabend gegen 19.20 Uhr die B 62 von Sterzhausen in Richtung Buchenau. In einer langgezogenen Rechtskurve geriet er mit seinem Fiat Panda auf die Gegenfahrbahn und stieß hier mit einem entgegenkommenden Sattelzug frontal zusammen. Er starb noch an der Unfallstelle.